レフ筋トレ

最高に動ける体をつくる

高岡英夫
運動科学総合研究所 所長
Hideo Takaoka

講談社

全身の筋肉・骨格図（前面）

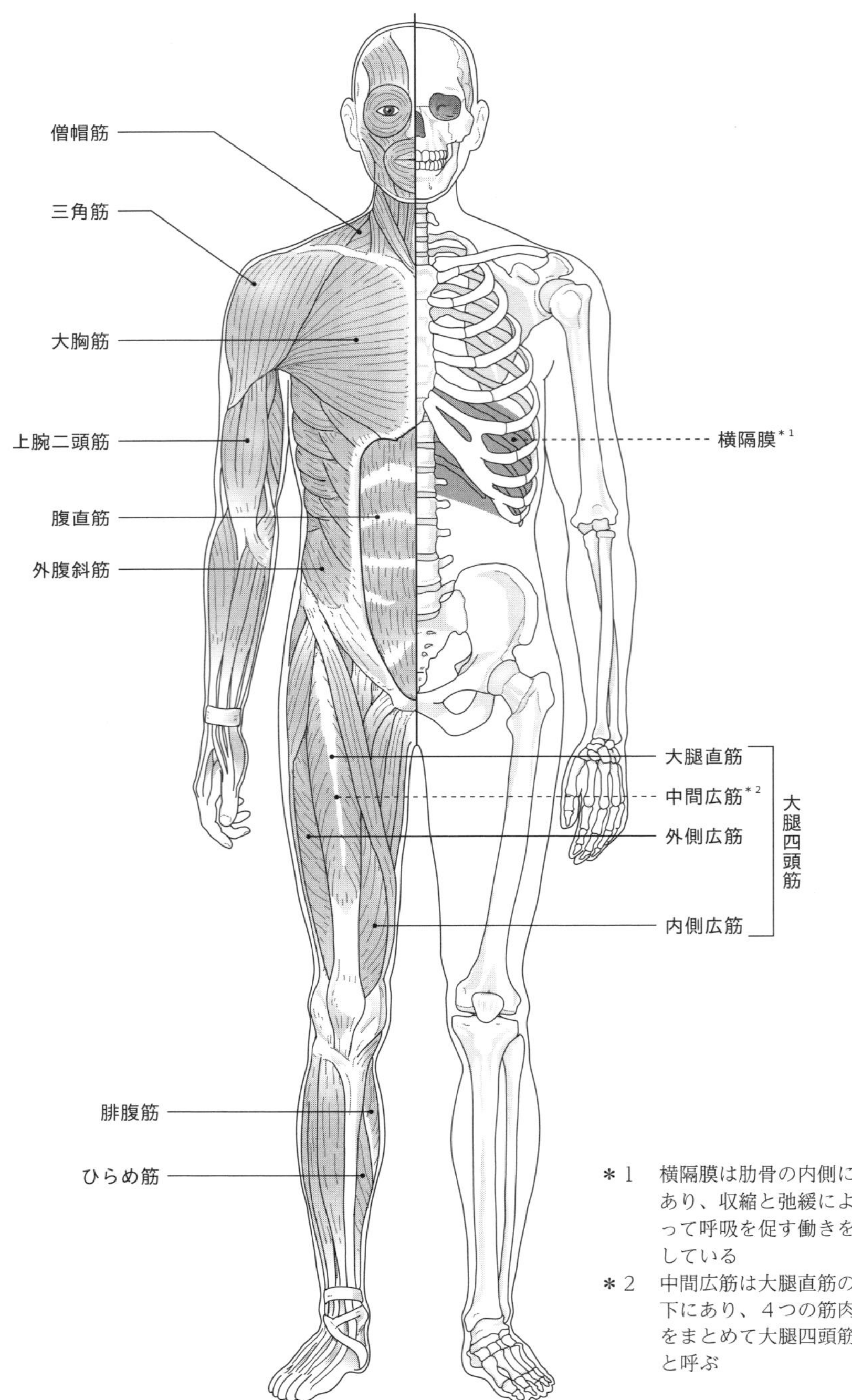

＊1　横隔膜は肋骨の内側にあり、収縮と弛緩によって呼吸を促す働きをしている

＊2　中間広筋は大腿直筋の下にあり、4つの筋肉をまとめて大腿四頭筋と呼ぶ

全身の筋肉・骨格図（背面）

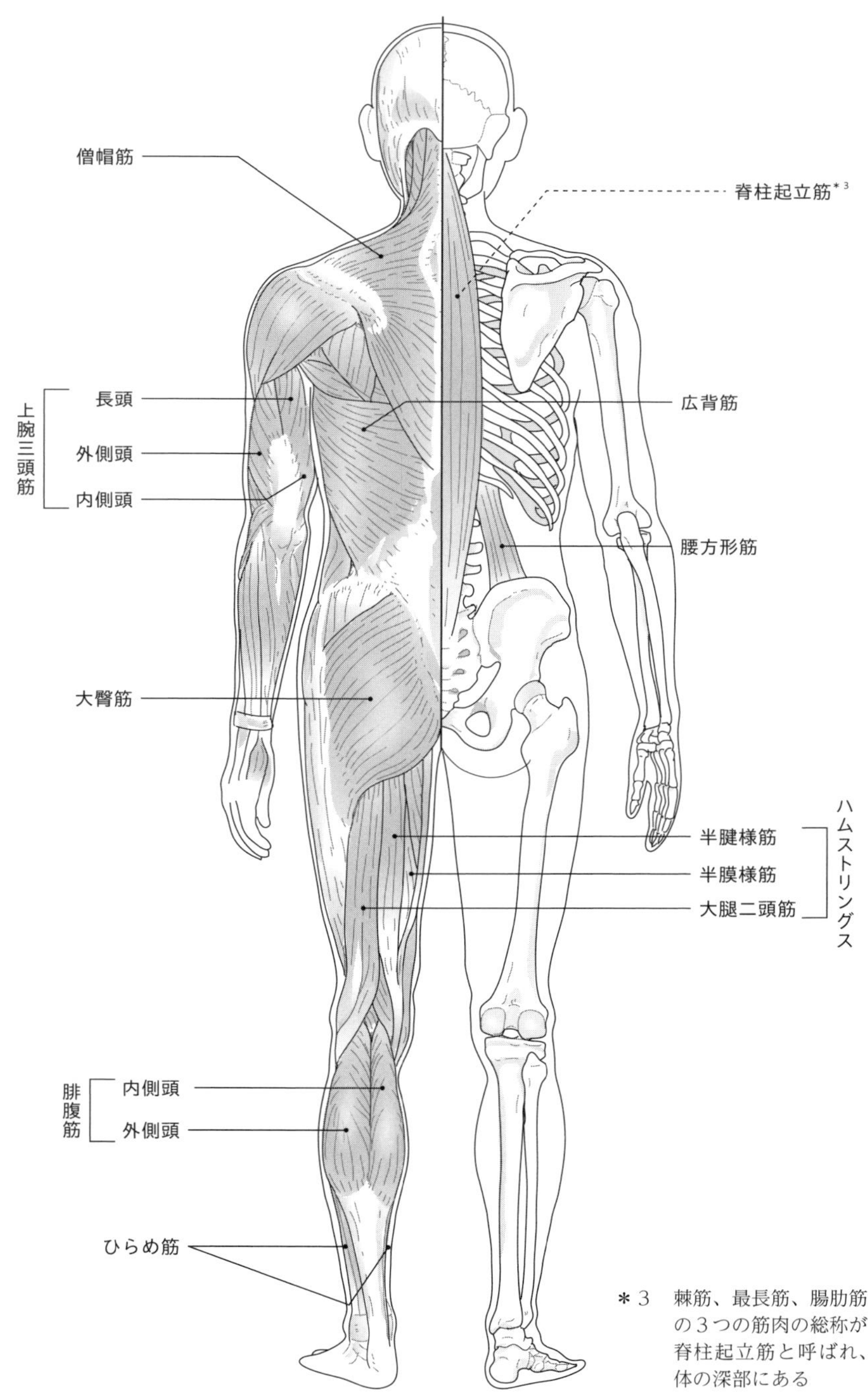

＊3　棘筋、最長筋、腸肋筋の3つの筋肉の総称が脊柱起立筋と呼ばれ、体の深部にある

はじめに

いまさら言うまでもないでしょうが、筋トレとは「筋力トレーニング」の略称であり、筋力トレーニングとは一般に、負荷をかけて筋肉を増強することです（少なくとも一般にはそう考えられています）。

体力の増進や高齢者の健康維持など、筋肉の増強によって得られるメリットは、読者のみなさんもよくご存知でしょう。

いわゆるコロナ禍以前から、筋トレは「ブーム」を迎えていると言われていましたが、その理由はおそらく「メリットのわかりやすさ」と、そしてもうひとつ、「筋トレの取り組みやすさ」にあったのではないかと思います。

しかし、もっぱら筋肉の増強だけを目指す筋トレは、筋肉が増えるわりに身体能力が上がらなかったり、脳の高能力化にマイナスとなったり、さらには健康を害し、死亡リスクを高めることすらある運動です。そのことをよくわかったうえで正しい筋トレに取り組んでいる人は、残念ながらそれほど多くはないでしょう。

固まった筋肉は役に立たない

固く引き締まった太い筋肉に憧れる人は大勢いますが、実はこの固く引き締まった筋肉とは、読んで字のごとく強く筋(すじ)張った筋肉のことです。強張(こわば)った筋肉とも言い換えられますが、残念ながらスポーツであれビジネスであれ実生活であれ、およそ人生のあらゆる場面において**本当に役に立つのは、ゆるゆるに「ゆるんだ筋肉」なのです。実は力を抜いたときにはたるんで、やわらかく、力を入れたときだけ固く締まる、**

たとえば筋力だけに着目してみても、力んで固まった筋肉より、脱力してゆるんだ筋肉のほうが大きな力を発揮できるのは、少し考えればわかることです。

筋肉に100のパワーを出すポテンシャルがあるとしましょう。このとき、動き出す前に筋肉が完全にゆるんでいて、入っている力が「0」だったとすると、その状態からトップまで力を出せれば、「100」の力が発揮できます。

動き出す前から力んで筋肉が固くなっていたら、どうでしょう。仮に「30」の力みがかかっていたら、ポテンシャルが30減ってしまうため、そのあとの動きでは残りの「70」の力しか出せません。本来の能力が完全には発揮されないままになってしまうのです。

ガチガチの筋肉は脳にも負担をかける

余計な「固さ」「力み」からくる筋肉の強張りは、このように本来可能であるはずの能力の発揮を妨げますが、弊害はそれだけではありません。

筋肉がガチガチに固まっていると、身体を動かしにくくなります。余計な疲労も蓄積し、その疲労は身体のコントロールを司（つかさど）っている脳にまで及びます。詳しくは本文に譲りますが、余計な負担がかかった結果、脳も疲弊します。ただ筋肉を太くし、固く強くするだけの「ラフ筋トレ」を続けていては、脳と身体のパフォーマンスが低下する一方となるのです。

人間に本当に必要なのは、固く強張った、ただ大きいだけで機能性に優れない筋肉ではありません。しなやかで優れた動きをする、ゆるんだ筋肉であり、そのような、**しなやかで、ゆるんだ、やわらかい筋肉を手に入れた人は脳も活性化し、意識も澄んで、多様な要素を含んだ多方面のパフォーマンスが間違いなく向上します。**

実際、世界のトップクラスのなかの、さらにその頂点に君臨するようなスポーツ選手の筋肉は非常にやわらかで、脳を含めた全身心の機能性にも最適合しています。そんな「トップ・オブ・トップ」と私が呼ぶスポーツ選手がもつような優れた筋肉をつくるトレーニング、**「レフ筋トレ」**を初めて世に問うのが本書です。

本文でも触れますが、「レフ」とは精製され洗練された、という意味の英単語「refined（リファインド）」から最初の3文字「ref」を取ってつくった私の造語で、「レフ筋トレ」は脳と身体のより高度な統合を目指す筋トレのことです。

本書ではトレーニングの手順だけでなく、いま読者が行っている筋トレをレフ筋トレに近づける（これを**「レフ化」**と呼びます）メソッドも取り上げたいと思います。

毎日「レフ筋トレ」を続けるとどうなるか

身体が固まるとパフォーマンスが著しく落ちるので、スポーツ選手の引退は、筋肉が固くなるにつれ近づいてきます。

天才の名をほしいままにしていたような選手でさえ、引退して50代にもなると、その多くは筋肉がガチガチに固く縮まり、身長が低くなって別人のごとく衰えてしまいます。身長の低下と認知機能は相関するという研究データもあることから、身体能力だけでなく、彼らの認知機能も衰えてしまったと推定できます。

ところが、すでに75歳を越えてなお、私の筋肉は、あたかもマシュマロか、つきたてのモチのようにやわらかで、身長も20代の頃より高い状態をキープしています。

これは若い頃から長年にわたり、毎日レフ筋トレに取り組んできた賜物にほかなりません。レフ筋トレのおかげで脳も身体も絶好調で、現役の武術家・科学者・指導者として、この5年で10冊あまりの著作を発表しました。のみならず、コロナ禍以降の3年ほどで、脚本の制作から実技解説まで自ら行った約６００本の映像作品を公開することができています。

また40歳で始めたスキーでは、雪上練習23日目で全日本スキー技術選手権大会二種目一位のトップスキーヤーを20％もの大差で置いてきぼりにし、その後はさらにスピードを高め、全日本スキー選手権大会アルペンスキー競技の優勝者にも大差で滑り勝ちました。

そして後期高齢者となった今も、ワールドカップのトップ選手に勝るスピードと技術を身につけるべく磨きをかけています。少々驚かれたかもしれませんが、これもレフ筋トレの賜物です。

レフ筋トレは、従来の筋トレにかわる、身体の能力と脳力を統合的・飛躍的に高めるまったく新しいトレーニングです。日々練習に励むスポーツ選手や筋トレファンはもちろん、健康が気になり始めたビジネスパーソンや、介護予防に努める高齢者にも資するところ大なのは間違いありません。各自の体力や体調に合わせてケガをしないように注意しつつ、本書を参考に、ぜひチャレンジしてみてください。

レフ筋トレ

最高に動ける体をつくる／目次

全身の筋肉・骨格図　2
はじめに　4

第1章　従来のトレーニングを一新する「レフ筋トレ」……21

「筋活動」の代表格、それが筋トレ　22
生きることは筋活動である　23
初公開「筋トレ遺伝子法則」　25
筋肉は常に働いている　26
人間は筋肉なしには生きられない　29
脳と筋肉の統合が求められている　30
筋トレは薬にもなれば毒にもなる　32
筋トレが最も行われている3つの領域　34
筋収縮の主要な3様式　35
筋トレはいかにしてブームとなったか　39
「要素主義」と「関係主義」　41

第2章 なぜ従来の筋トレを変える必要があるのか

筋肉が太くなるメカニズムとは　46
レッグカールで大失敗した日本　47
筋力アップは競技力の向上に直結しない　51
レッグカールによって失われる「協働」　53
人間に必要なのは「レフパワー」だ　54
「力み」の弊害①　筋出力を妨げる　56
「力み」の弊害②　パフォーマンスを妨げる　57
「力み」の弊害③　脳に余計な負担がかかる　59
なぜ、ラフ筋トレはなくならないのか　61
「やり切った感」という避けがたい罠　63
超一流は必ず「レフパワー」を身につけている　65
レフ筋トレに取り組むべきこれだけの理由　67

第3章 「レフ筋トレ」でどこまで能力を高められるのか …… 71
レフパワーを身につけたアスリートたち 72
イチローも大谷翔平も身体がゆるみきっている 73
ゆるんだ身体を支えるのが「センター」 75
ウサイン・ボルトの「トカゲ走り」とは 78
センターはプレー以外の場面でも活きる 81
イチローがトレーニングを否定した理由 83
「一般人には縁のない話」ではない 86
祖先の生活に思いを馳せてみよう 88
受け継がれてきた潜在力 90
現代人でもレフパワーを身につけられる 91

第4章 筋トレをレフ化する9つの方法 …… 93
1 積極的脱力 95
2 地芯乗り 97

①自分の6000km下に地芯を想像する　97
②バランス用具を使い不安定な状況で脱力　100

3 センター（軸）　105
身体意識と軸　105
トレーニング 「串刺し法」による腕立て伏せ　107

4 正確無比な身体使い　113
①骨格のフォームと筋肉使い　113
②格定（歪み・ブレ・ぐらつきなし）　114
なぜ正確無比な身体使いが大切か　115
トレーニング 仙骨リードブリッジ　116
擦って正確無比へと導く　121

5 3つの抵抗勢力の排除　123
筋肉はやわらかくなくてはいけない　123
対象になるのは3つ　124
力みカット1　主働筋の力みを取り除く　128

力みカット2　拮抗筋とブレーキ筋の力みを取り除く　128
力みカット3　全身の力みを取り除く　130

6 呼吸コントロール　132

呼吸の3つの状態「胎息」「呼息」「吸息」　132
呼吸によるレフ化①　吸息出力　133
呼吸によるレフ化②　レフ音呼息出力　135
呼吸によるレフ化③　吸呼息出力　137

7 筋トレ前後・途中でのルースニング導入　139

ルースニングの基本　139
「タンブリング系」とその効果　141

8 日常的にルースニングに取り組む　143

体操とストレッチで日ごろからゆるめておく　143

9 ほかの運動とのコーディネーショントレーニング　153

筋トレと知的活動を組み合わせる　153

コーディネーショントレーニングの意味 157

第5章 代表的なレフ筋トレ10種目 159

まずは「その場歩き」から始める 160

1 クロス腹筋 163

①全身をほぐす　腰の揺動緩解運動 163

②全身をほぐす　擦動緩解法 165

③全身をほぐす　腕と脚の揺動緩解運動 166

④クロス腹筋　腹直筋バージョン 168

⑤クロス腹筋　内腹斜筋バージョン 169

⑥クロス腹筋　外腹斜筋バージョン 171

2 ヘソ軸腹筋（ヘソ垂軸肘膝吸着腹筋） 174

①全身をほぐす　擦動緩解法 174

②クロス腹筋揺振バージョン 175

③ヘソ垂軸を通しブチュー腹筋を行う 177

④四足地芯乗りで立ち上がる　179

3
センター串刺しフロントプッシュ　182
①身体をゆるめ、軸を通して準備　182
②胸点の位置をしっかり確認　188
③リハーサル１　ＮＰＳをとる　189
④リハーサル２　両腕の位置を決める　190
⑤リハーサル３　立位でプッシュ　192
⑥リハーサル４　３回プッシュアップ　193
⑦リハーサル５　揺動緩解運動で肩のあたりをほぐす　194
⑧リハーサル６　立位でもう一度プッシュアップ　195
⑨フロントプッシュの準備　198
⑩センター串刺しフロントプッシュを行う　202

4
ＴＳスクワット（テーブル・サポートスクワット）　207
①立位でセンターを開発　207
②椅子に座り足の位置を調整（０ポジション）　210

③お尻を浮かせていく　211
④第3ポジションからスクワット開始　213
⑤第4ポジションで終わる　214

5　Jスクワット（ジャパニーズスクワット）　217

①一面手法でセンターの開発　217
②股関節と転子をほぐす　219
③ウナの上で転子を上下させる　220
④Jポジションからスクワットへ　222
⑤双一面手でスクワット　223

6　転子四股　225

①基準深度をとる　226
②四股を踏む（1段目）　227
③四股を踏む（2段目）　230
④四股を踏む（3段目）　231
⑤四股を踏む（4段目）　232

⑥四股を踏む（5段目） 233

7 ハイテク肩甲骨モゾ 236
①肩甲骨をときほぐす 236
②肩甲骨と背骨の間の筋肉をときほぐす 237
③菱形筋をときほぐす 238
④肋骨だけを動かしてときほぐす 239
⑤「四足地芯乗り」で立つ 239

8 長座腕支肩甲上下法 242
①床に「長座」で座る 242
②身体をゆるめる 243
③肩甲骨の動きで体幹を上下させる 243

9 長座腕支体幹三段回法 246
①NPSで立つ 246
②体幹を上・中・下に分ける 246
③下段、中段、上段の順で回す 247

④長座になり下段、中段、上段の順で回す 252
⑤ブリッジ姿勢で下段、中段、上段の順に回す 254

10 前四足吊下体幹三段回法 259

①両手・両膝を床について準備する 259
②肘を擦り肩甲骨を軽く立てる 260
③体幹を3つに割り、それぞれ回す 262
④四足地芯乗りで立ち上がる 266

おわりに 268

column
ラフ筋トレを後押しした、ある数式 43
父から教えられた「ゆる」むことの大切さ 44

装幀　山原 望
執筆・編集協力　谷田部尊将
イラスト・DTP　株式会社明昌堂
メディカルイラスト　株式会社さくら工芸社
トレーニング写真　運動科学総合研究所
モデル　大久保貴弘

第1章

従来のトレーニングを一新する「レフ筋トレ」

「筋活動」の代表格、それが筋トレ

生きるためには「筋活動」が欠かせません。

ここでいう筋活動とは、文字どおり筋肉を動かすこと（筋肉活動）を意味します。もっとかみ砕くと「筋肉を使う」ということなのですが、「これは筋肉を使ってる！」と誰でもクッキリ、ハッキリと認識しやすい筋活動といえば、現代社会において筋トレにまさるものはないでしょう。

なかでも代表的なのが、筋肉に負荷をかけて身体を鍛える「ウエイトトレーニング」です。ウエイトトレーニングには、バーベルやダンベルを使った「フリーウエイト」、専用の機器を使った「マシントレーニング」、自分の体重を負荷として利用する「自重トレーニング」などがあります。

いくつか例を挙げておくと、たとえば、「ベンチプレス」は、バーベルを使ったフリーウエイトとしては最も代表的なものです。これはベンチの上にあお向けに寝てバーベルを腕で上下に動かすトレーニングで、上下運動を適度な回数くり返したあと、バーベルのシャフトをベンチの両サイドに設けられた支柱にかけて終わり、となります。

うつ伏せで床に両手をつき、ベンチプレスのように肘を屈伸させて行うのが、誰でも一度はやったことがあるであろう自重トレーニング「腕立て伏せ」です。

ダンベルを片手に持ち、椅子に座って行う「コンセントレーションカール」という筋トレもあります。

上腕二頭筋に的を絞って鍛えたい人がやる運動で、ダンベルを持っている腕の肘を、太腿の、膝に近いところに当てるなどして、肘関節を中心に屈曲・伸展をくり返します。さらにトレーニングマシンを使えば、身体のさまざまな部分の筋肉を、より容易かつ的確に、各パーツごとに鍛えることができます。

生きることは筋活動である

しかし、筋トレでカバーできるのは筋活動の一分野にすぎません。私たちは生きて生活している間、あらゆる瞬間に筋肉を使っています。立つ・座るといった日常の生活動作はもちろんのこと、呼吸、咀嚼、嚥下（飲食物などの飲み込み）、消化、排泄といったあらゆる領域で筋活動が行われています。意識のない睡眠中でも、筋肉でできている心臓が動いています。

となると、**「生きることは筋活動である」**とすら言えそうですが、何もしないと私たちの身体は年齢とともにその貴重な筋肉を失っていきます。早い人では20歳を過ぎる頃から

代表的な筋トレ

毎年1％近く筋量が減っていき、70代にさしかかる頃には、筋量が20代の頃の半分になってしまうといわれています。

筋肉の喪失に拍車をかけているのが、社会の機械化・デジタル化です。みなさんの職場では、身体を動かす機会がどんどん減っていることでしょう。一昔前までは身体を使ってやっていた作業が、いつしか機械まかせになり、人間はパソコンなどのデジタル・デバイスの前でデスクワーク……という光景がめずらしくない時代となりました。

漫然と過ごしているだけでは筋肉をあっという間に失ってしまう社会、そんな社会に私たちはおかれているのです。筋トレは筋肉を守り育てる有力な手段であり、最もわかりやすく、実行もしやすいトレーニングで、現代社会においてその重要性はますます高まっています。この重要性を多くの人が感じているから、ブームを経て筋トレがすっかり定着したのではないでしょうか。

初公開「筋トレ遺伝子法則」

しかし、残念ながら「人間になぜ筋トレが必要なのか」「望ましい筋トレとはどのようなものか」といった、意義や理想を深く考究し、理解したうえでトレーニングを行っている人は多くはありません。

筋トレであれ仕事であれ、およそ活動というものは、「ただ、やればいい。くり返せばいい」というものではないはずです。意義や理想をきちんと把握したうえで行わなければ、せっかくの努力が無駄になったり、仇（あだ）をなすことすらあります。

そこで、本書を始めるにあたり私は、筋トレの意義や理想を読者のみなさんに知ってもらうため、そのポイントを４つにまとめ、**「筋トレ遺伝子法則」**と名付けて提示することにしました。法則そのものは左の囲みに掲げましたが、難解で簡単には読み解けないと思いますので、次節から、これら４つを詳しく説明します。

筋肉は常に働いている

人間の皮膚や脂肪の下では、筋肉が全身をびっしりと覆っています。それらの筋肉をすべて数えていくと、５００以上にも及びます。

おびただしい筋肉のなかでも、皮膚ごしに触れる筋肉が「表層筋」（アウターマッスル）です。腿の前側にある大腿四頭筋（だいたいしとうきん）、お腹の腹直筋、胸部で最も広くて大きい大胸筋、腕の付け根で肩を覆う三角筋、いわゆる「力こぶ」をつくる上腕二頭筋などは、その代表格でしょう。

そのアウターマッスル群の下にあるのが、今日ではよく知られるようになった「深層

筋トレ遺伝子法則

●**筋トレ遺伝子第一法則**　そもそも筋肉は遺伝子のレベルで使われるべきものとして存在しているが故に、筋肉活動を最も効率よく達成する手段である筋トレが存在する必然性がある（フレイルやサルコペニア＝筋肉減少症はこの第一法則に反することで生ずる）。

●**筋トレ遺伝子第二法則**　そもそも筋肉は脳との遺伝子レベルでの高度な統合的関係のもとに存在している（これを「レフ筋肉」という）が故に、高度な脳と筋肉の統合的関係性をもつ筋トレ（これを「レフ筋トレ」という）が存在すべき必然性がある（ラフ筋トレは第一法則にはかなうもののこの第二法則に反することで生ずる）。

●**筋トレ遺伝子第三法則**　今日までの筋トレ（ラフ筋トレ）が高度な脳との統合的関係性をもたないが故に、高度な脳と筋肉の統合的関係性をもった筋トレ、すなわち筋トレで脳が高能力化し筋肉がレフ筋肉化する、まったく新しい筋トレの理論と方法が生まれる必然性がある。これが「レフ筋トレ」ということになる。

●**筋トレ遺伝子第四法則**　筋トレは少量（適量）で行われると死亡リスクが下がり、大量に行われると死亡リスクが高まる。すなわち筋トレは適量に足りなければ足りないぶんマイナスとなり、適量を超えれば超えたぶんマイナスとなる。

筋」（インナーマッスル）です。

たとえば、大腰筋（胸椎の最下部と腰椎から大腿骨の内側の最上部、大腿骨頸部すぐ下の小転子をつなぐ筋肉）や、大きなチョウのような形をした腸骨筋（腸骨の内側の縁から小転子をつなぐ筋肉）などが挙げられますが、この2つは、合わせて「腸腰筋」と呼ばれ、ここ20年ほどの間に代表的なインナーマッスルとして知られるようになりました。

背骨まわりにも最大7層に及ぶ筋肉群があります。なかでも多裂筋や長・短回旋筋は、身体の最深部といっていいところに位置する筋肉で、人間にとってきわめて重要、かつ高度な働きをするインナーマッスルです。

腹部にも横隔膜（「膜」と呼ばれますが立派な筋肉です）というインナーマッスルがあり、呼吸を可能にしています。とくに腹式呼吸、さらには腹式呼吸より優れた腹腰式呼吸（腹と腰を両方同時に使う呼吸）を行うときは、ここをしっかり働かせねばなりません。

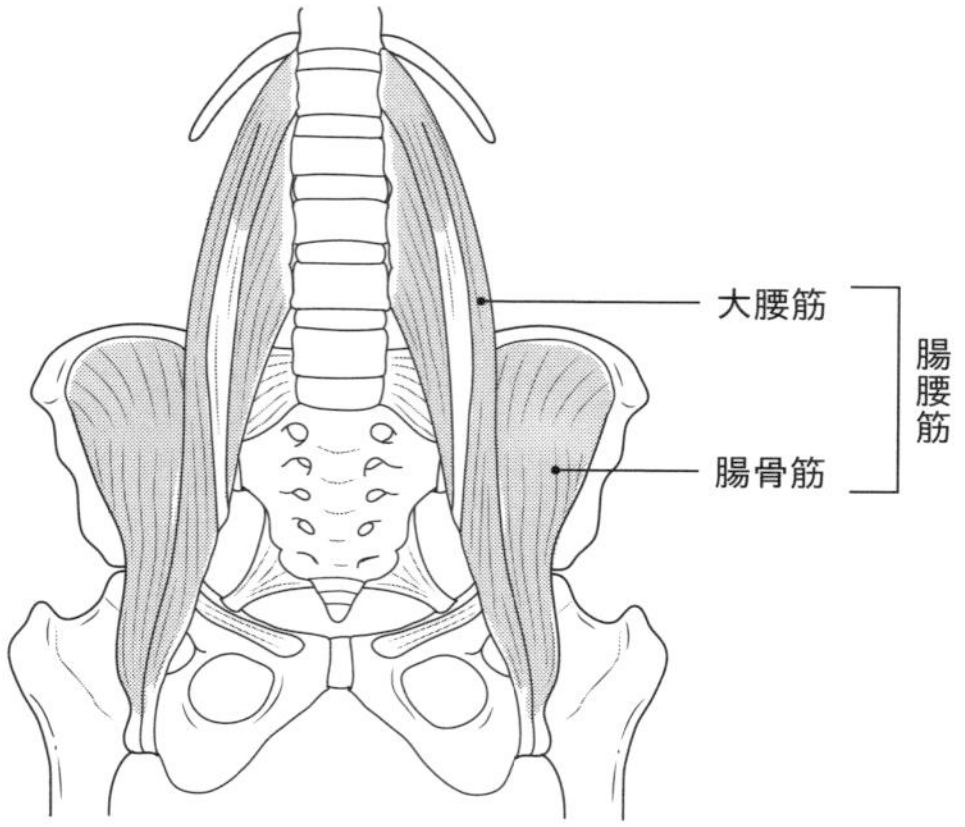

切りがないのでここまでとしますが、頭部から指先、足先に至るまで、どんな人にも筋

腰部のインナーマッスル

肉は与えられています。
私たちが何をやっているときでも、筋肉はそこに存在し機能しているのです。

人間は筋肉なしには生きられない

そして筋肉の機能は、プラスに作用することもあれば、マイナスに作用することもあります。

スポーツのとき、あるいは散歩しているとき、筋肉が働いているのは誰にでもわかるでしょうが、身体が動いていないときにも、筋肉は働いています。たとえば机に向かって一心に考えているときや、電車の吊り革につかまってじっと立っているときなど、筋活動が行われていないように見える場面でも、その体勢を維持するのに必要な筋肉が、重力に抗して身体を支えています。これがプラスの作用です。

一方で、多くの人は身体に余計な力が入ることで筋肉が無駄に力んでしまっています。そして、この力みが身体および脳にストレスをかけ、身体疲労・脳疲労を増大させています。この筋肉の「力み」からくるダメージがマイナスの作用です。

筋肉がなかったら、あるいは筋活動がまったく行われなかったら、私たちは生きていけませんが、筋肉があることで「誤った使い方をしかねない」という大いなるマイナスに直面することとなり、ある面では足を引っ張られて生きているとも言えるのです。

しかし、人間は「筋肉をもたない」ことは選択できません。と同時に、もって生まれた筋肉を「使わない」という選択もできないのです。

これは現代人に限った話ではなく、私たちに遺伝子を伝えてくれた祖先にとってもそうでした。彼らも筋肉を使って生きていたし、生きていかざるを得なかったのであり、私たちの遺伝子を受け継ぐであろう子孫も、みな筋肉を使って生きることになるはずです。

つまり私たちは、遺伝的に筋肉を備え、それを動かして生きねばならない存在なのです。この意味で筋肉は「遺伝子のレベルで」「使われるべきものとして存在している」（筋トレ遺伝子第一法則）のであり、筋活動の能力を適切に維持し、質的に高めていかなければ、私たちの生存の可能性は狭まってしまいます。

だから、筋活動の機会が極度に減った現代社会では、筋トレの重要性がいやがうえにも高まっているのです。

脳と筋肉の統合が求められている

しかし、筋活動は勝手気ままに行われているわけではありません。些細（ささい）に思える筋活動も、そのほとんどは脳が関わらなければ起こりません。そして正確な、もしくは複雑な、あるいは精妙な筋活動となると、これはもう、脳と筋肉がハイレベルな次元で連携できていなければ到底不可能です。

ちょうど完璧に統制のとれたチームが、指揮者を中心に整然と機能するように、**脳と筋肉が高度に統合されていなければ、質的に優れた筋活動はできないのです。言い換えると、人間の脳と身体は、そもそも高度な統合性のもとで活動することを条件としてできているわけです。**

脳と高度な統合関係にある筋肉は、より洗練された優れた機能を発揮します。そのような筋肉を**「レフ筋肉」**と呼び、筋肉および筋活動を「レフ化」する筋トレを**「レフ筋トレ」**と本書では呼びますが、筋トレをするのであれば、そのようなトレーニングがキチッとした科学的認識により構想されていなければならないのが、人間の必然性です。これが筋トレ遺伝子第二法則です。

ところが（詳しいことは後述しますが）、今日行われている筋トレは脳との関係性をすっかり喪失しており、これでは、とても「筋トレ遺伝子第二法則にかなっている」とは言えません。「筋トレブーム」と言われ、これほど筋肉、筋トレに注目が集まっている、そんな時代であるにもかかわらず、です。

先ほども記したように、「レフ化」「レフ筋トレ」の「レフ」は、精製され洗練された、という意味の英単語「refined」から最初の3文字「ref（レフ）」を取ってつくった造語です。これに対し私は、「粗雑で荒々しい」を意味する単語「rough（ラフ）」を使って、現在までの私たちの社会で行われてきている筋トレを「ラフ筋トレ」と呼んでいます。

典型的なラフ筋トレを運動科学的に見ると、脳と身体の高度な統合的関係性はほとんどゼロに近い状態にあり、この点で「レフ筋トレ」とはまったくの別物といえます。

すでに述べたとおり、筋トレは誰にでも、クッキリと、わかりやすい形で「筋活動が行われている」と認識できる身体運動です。筋トレを脳と筋肉の統合性をもった「レフ」なものへと変えていくことができれば、そのメリットは計り知れません。

ですが、そのような筋トレを可能にする理論と方法はこれまでありませんでした。だから新しくつくりだされねばならないのです（筋トレ遺伝子第三法則）。この「新しくつくりだす」作業は、脳と筋肉を使って生きていくよう、遺伝子によって定められた私たち人類にとって、「必然」とも「急務」ともいえることです。

筋トレは薬にもなれば毒にもなる

医学の進歩と医療知識の普及により、運動で筋肉を維持する大切さがよく知られるようになってきました。生活習慣病の予防・改善のためトレーニングに取り組んでいる読者も多いことでしょう。フレイル（虚弱化）の予防や介護予防のために、高齢者も筋トレに励む時代となりました。

筋トレは、健康増進に間違いなく有益なもので、あらゆる病気による死亡リスクが低下することもわかってきています。ですがそれは、適切なトレーニングが〝適量〟行われた場合の話であり、最近では、筋トレをやり過ぎると逆に死亡リスクが高まることがわかってきました（筋トレ遺伝子第四法則）。

過度な筋トレが死亡リスクを高めるほどに健康を損なうことは、東北大学、早稲田大学、九州大学のグループ研究によって明らかになった科学的事実であり、このテーマでは世界初のメタ論文[*]として発表された研究成果です。

ただし、この研究成果は従来の筋トレ、すなわち「ラフ筋トレ」のデータを基にしたものです。ラフ筋トレにはそもそも「ストレスと過剰な疲労を産む」という特徴があり（詳しくは第2章参照）、したがって、ラフ筋トレの頻度、時間、負荷、回数を増やしていくことでストレス・疲労が過大に蓄積され、それが死亡リスクにつながるのは容易に予測しうることです。

私が本書で提起したいのは、ラフ筋トレに起因するストレスと疲労を減らし、死亡リスクを積極的にコントロールする役割を担うトレーニングであり、それこそがレフ筋トレであることを申し添えておきます。

＊Momma H, et al.(2022). Muscle-strengthening activities are associated with lower risk and mortality in major non-communicable diseases: a systematic review and meta-analysis of cohort studies. *British Journal of Sports Medicine*, 56, 755-763.

筋トレが最も行われている3つの領域

現在のところ、筋トレが最も盛んに行われているのは次の3つの領域です。

①スポーツ

選手の競技力向上の方法としての筋トレ

②**趣味、嗜好、特技**

筋力・筋量の向上そのものを目指す筋トレ。ボディビルディングやパワーリフティングを含む

③**医療、介護、日頃の養生、健康法**

リハビリや運動不足解消など、健康の回復・維持・増進のため

このなかで、ラフ筋トレとレフ筋トレの違いが最も明確になる領域が①です。

読者のみなさんは、スポーツ領域で筋トレが行われるのは「当たり前」のことだと思っ

ているでしょう。

ところが、1970年代までの競技スポーツの世界は、筋トレをほとんどやらずに、競技だけに励むことがめずらしくありませんでした。当時は、スポーツ科学の黎明期ともいえる時代で、「科学的にスポーツの競技力を向上させる」とか、「科学的知見に基づいた筋トレが、スポーツの競技力を向上させる」という考え方自体がまだ乏しかったのです。

筋トレが存在しなかったわけではありませんが、たとえば高校野球では、筋トレをまったくしないチームが甲子園に出場して優勝を争ったり、優勝したりすることがあったのです。卓球やバドミントン、剣道など、強大な筋力は無益と考えられていた競技種目では、筋トレをまったくやらない選手のほうがむしろ多かったくらいです。

筋収縮の主要な3様式

しかし、1970年代の後半から1980年代にかけて、スポーツ分野に科学的手法に基づく研究スタイルが導入されるや、状況が一変します。それまで体育学といわれていた学問が「スポーツ科学」へと変貌を遂げ、筋肉に関する科学的な研究が始まりました。

なかでも、運動生理学や生体力学（バイオメカニクス）と呼ばれる領域では、筋肉を対象とする「筋生理学」「筋力学」なる分野が新たに生まれ、筋トレにも関心が集まるようになったのです。

結果、筋活動の質に関する研究が発達し、さまざまな成果が公表されました。たとえば、筋肉には次に挙げる3種類の筋収縮様式があることがわかりました。

①等尺性筋収縮（アイソメトリック・コントラクション）

筋肉の長さが変わらずに筋肉が収縮している筋活動

②短縮性筋収縮（求心性筋収縮）

筋肉が短く縮まりながら収縮する筋活動

③伸張性筋収縮（遠心性筋収縮）

筋肉が引き伸ばされながら収縮する筋活動

これら3つの筋収縮様式を、腕相撲の場面をもとに説明します（次ページのイラストを参照）。

腕相撲で、お互いの力が拮抗してビクともしなくなった状態を想像してみてください。つまり、両者がまったく互角の状態です。そのときに両者に起こっている筋収縮様式が①

腕相撲における筋収縮

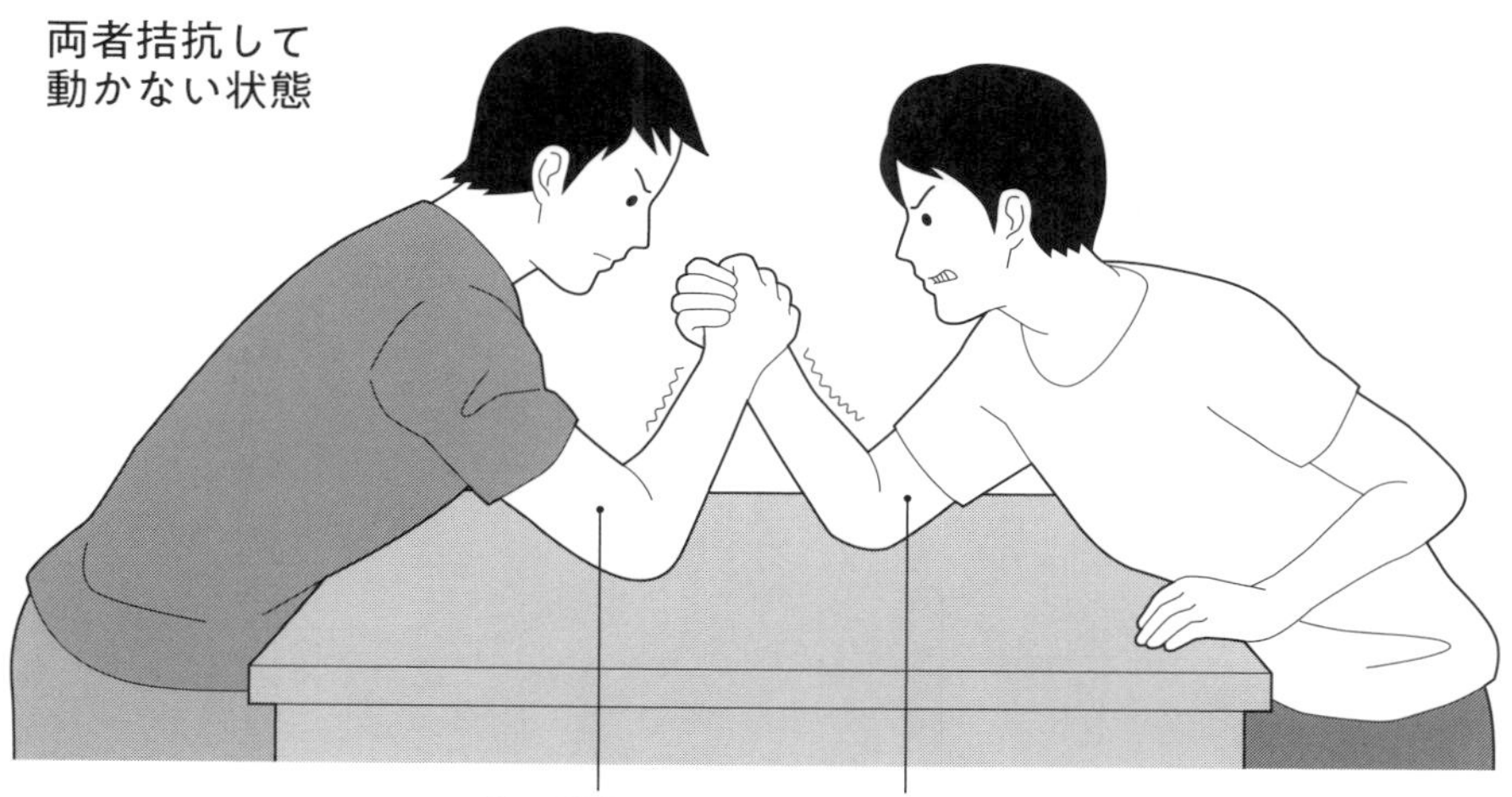

両者拮抗して
動かない状態
等尺性筋収縮が両者に起きている

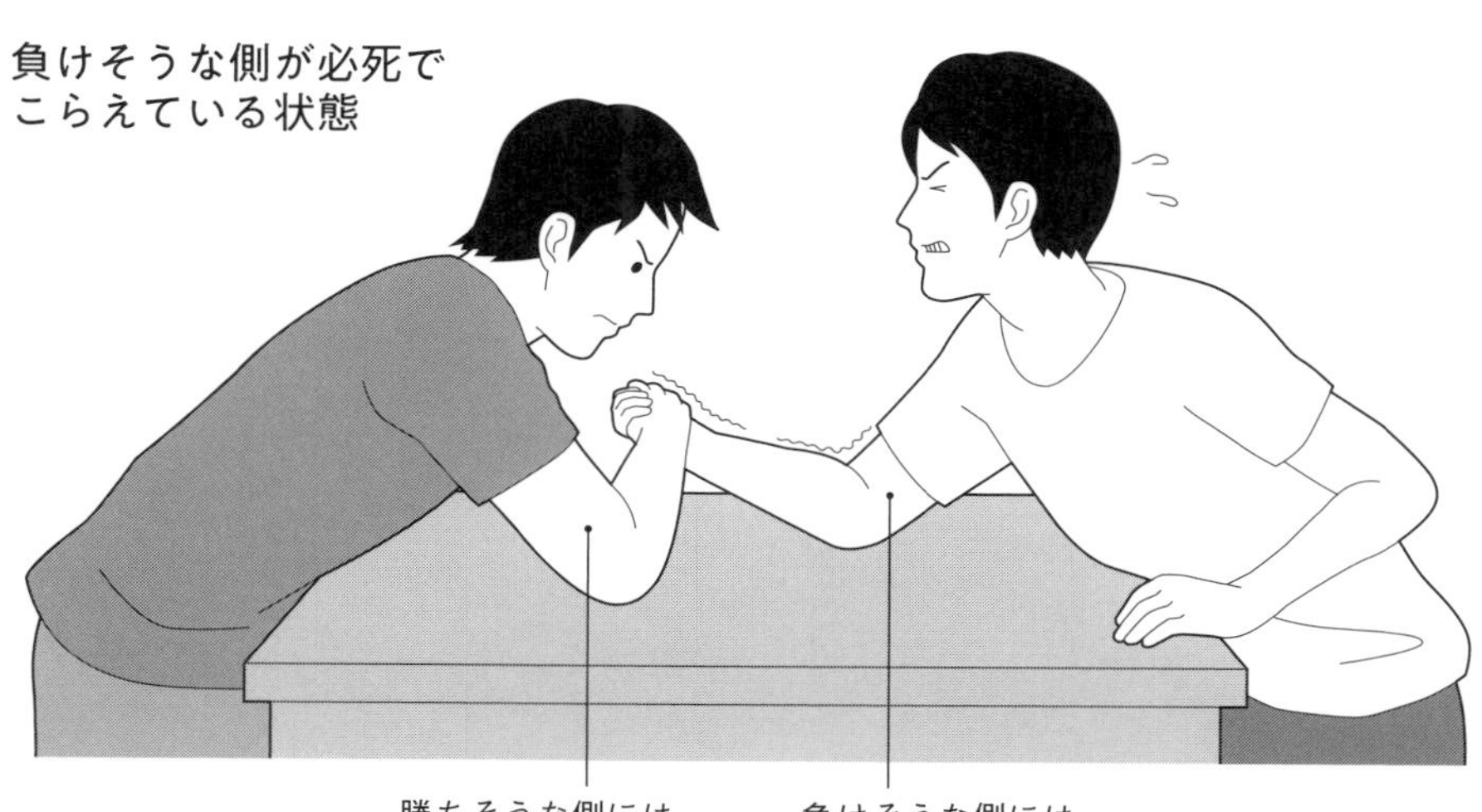

負けそうな側が必死で
こらえている状態
勝ちそうな側には
短縮性筋収縮が起きている
負けそうな側には
伸張性筋収縮が起きている

の「等尺性筋収縮」で、筋肉の長さが変わらない状態で筋収縮しています。

次に、勝者側が敗者側の手の甲をテーブルに押しつけていく過程で、勝者側に起こっている筋収縮様式が、②の「短縮性筋収縮」です。筋肉が短く縮まりながら筋収縮しています。

一方、敗者側が腕を押し倒されつつ手の甲がテーブルにつかないように何とかこらえている過程で、敗者側に起こっている筋収縮様式が、③の「伸張性筋収縮」です。筋肉が引き伸ばされながら筋収縮している状態だと言えます。

ところでみなさんは、ここで挙げた3つの筋収縮様式のうちだと、いずれで筋力が最も強力に発揮されると思いますか？

意外に思われるかもしれませんが、**同じ人物が3つの筋収縮様式を行ったとき、筋力が最も強く発揮されるのは、③の「伸張性筋収縮」なのです。**この発見は、当時の専門家の間ではかなり話題となりました。

たとえば、ある腕相撲大会に出場した選手が準決勝まで勝ち上がり、決勝で自分よりずっと強い相手と対戦することになったとします。当然負けるでしょう。しかしこのとき、準決勝まで勝ち進むなかで発揮された「短縮性筋収縮」による力よりも、決勝で発揮された「伸張性筋収縮」のほうで強い筋力が発揮されているのです。

すなわち、勝ち上がってきたときよりも、決勝で負けたときに発揮された筋力のほうが強かったというわけです。

なお、①～③の筋収縮様式のほか、次の２つもあることを付け加えておきます。

④等張性筋収縮（アイソトニック・コントラクション）

速度が自由な状態で②の「短縮性筋収縮」と③の「伸張性筋収縮」をくり返す筋収縮をいい、バーベル・ダンベルを使った筋トレがこれに該当します。①の「等尺性筋収縮」が静的な筋収縮だとすれば、この「等張性筋収縮」は動的な筋収縮といえます。

⑤等速性筋収縮（アイソキネティック・コントラクション）

一定の速度で「短縮性筋収縮」と「伸張性筋収縮」をくり返すという筋収縮様式で、日常生活でも、あるいはスポーツの世界にも多くは存在しない様式です。水泳、自転車、スピードスケートなどの漕ぎ動作や、伝統的な肉体労働の一部などにこの筋活動に近い例が見られます。この筋活動を鍛えるには、専用のマシンを使ってトレーニングします。

筋トレはいかにしてブームとなったか

話をもとに戻すと、前節で紹介したような知見が、１９８０年代までにかなり蓄積されてきたわけです。

そして同時に、筋肉が速度を上げながら筋収縮する場合、筋肉が時間や距離との関係のなかでどのように力を発揮していくかを調べる研究も数多く行われました。

研究の進展と相まって、メーカーがトレーニングマシンを開発し、開発されたマシンが新たな研究を刺激します。バーベルやダンベルを使った「フリーウエイト」も、スポーツ競技力向上のための方法としてとらえ直されるようになりました。

研究者の関心が筋肉へと集中していくにつれ、スポーツ科学やスポーツの世界では、競技におけるパフォーマンスを「メンタル」「スキル」「筋力」の3つの要素で考えるのが主流になっていきます。

この3つを「心技体」と言い換えることもありますが、要するに、パフォーマンスを構成する心（メンタル）、技（スキル）、体（筋力）をまったく別の要素としてとらえ「それぞれの要素を高めれば、要素の総和であるパフォーマンスも必然的に向上する」という考えが広まり、金科玉条の如く扱われるようになっていったのです。

この思想が、最初の筋トレブームの火付け役となりました。筋量が増えて筋力がアップすれば、競技力も上がるはず——そんな考えに影響された指導者やコーチ陣は選手に筋トレを奨励し、選手も期待に応えようと、こぞって筋トレに取り組み始めます。

各スポーツ種目の全日本代表から始まり、実業団や大学などのスポーツチームでも次々に筋トレが広まっていきます。アマチュアのスポーツ・プレーヤーや愛好家の間にも、瞬く間に筋トレが広がり、とくに熱心な人ほど一所懸命、取り組むようになりました。

新しい筋力トレーニングマシンが次々につくられ、プロ選手のトレーニング場はおろか、体育館などの公共施設にすら導入されるようになったのです。バーベル、ダンベルなどの用具に至っては一般家庭にまで普及し、筋トレが一大ブームになりました。

「要素主義」と「関係主義」

このように、1980年代末までに筋トレは広く普及し、スポーツの世界では筋トレをするのが当たり前の状態にまでなったわけですが、その当時取り組まれていたのは、「筋肉を増大させれば筋力は強くなり、筋力が強くなれば必ず競技力全体が強くなる」という発想に基づいた筋トレでした。すなわち、筋力は単独の要素としてとらえうると考えられていたわけで、19世紀前半まで科学を支配した古典的な科学思想である「要素主義（アトミスム）」の考え方に基づいた筋トレが行われていたのです。

しかし、このスポーツ科学における「要素主義」的な学説を、私は同時代に発表した一連の著作で、次のように明確に批判しました。

「心技体をそれぞれ別の要素とすることはできない。それぞれの境界領域は定かではない

し、その関係性たるや非常に深く、プラスにもマイナスの方向にも影響関係をもち、抜き差しならぬ密接な関係がある」

私が原拠したこの科学的立場は、要素主義に対して**「関係主義（ホーリスム）」**といいます。私の学説は当時の優秀な若手～中堅の年代の研究者や、コーチ、トレーナーに広く浸透していきました。

現在のスポーツ科学やスポーツの世界では、要素主義の考え方はかなり廃れてきていますす。その背景には、関係主義に立脚した私の批判の影響もありますが、もう一つ、要素主義に基づいたトレーニングを行った結果、かえってパフォーマンスが低下するという現実に各競技の指導者や選手が直面したためでもありました。

どういうことか、章をあらためて説明しましょう。

column

ラフ筋トレを後押しした、ある数式

本文で私のスポーツ科学批判に言及しましたが、その学術的な中身をもう少し具体的に取り上げておきましょう。

私が批判したのは、「心技体」という日本伝統の考え方をスポーツ科学の考え方で捉え直した数式「P＝C・∫E(M)」と、関連する一連の議論でした。この式は日本のスポーツ科学の生みの親にして、世界的にも最高レベルのスポーツ科学の権威だった東京大学の猪飼道夫教授の公式です。Pはパフォーマンス＝競技力、Cはサイバネティクス＝技、Eはエネルギー＝体力（力）、Mはモチベーション＝心を表します。日本伝統の心技体を数学的に表現し、スポーツの論理として宣言したものです。

私は一連の著作で「この公式こそ、スポーツを間違った方向に導く根幹となる考え方だ」と明言しました。その根拠となったのは、伝統的な武道・武術の根本となる「心技体一致」「心身一如」といったような考え方を科学的に解明することで得た論理でした。

要素主義（アトミスム）に則る猪飼の公式では、CとE、CとMはお互いに独立、MはEに対して独立、EはMに対して従属、C・E・Mは概念的に一義的、であると宣言されています。わかりやすく言えば、「心と技と力はまったく別のもの」であり「技と力、技と心はお互いに影響しない」「心は力に対して影響を与えるが力は心に影響を与えない」、そして「この式に例外はない」ということです。

しかし、武道・武術の伝統的論理は関係主義（ホーリスム）的であり、力が技性や心性を持ち、相撲の「相撲力」や合気道の「呼吸力」、中国武術の「勁」という概念となります。また、修行によって心が磨かれていく過程で心が技になるという考え方から、心と技はお互いに一体のものでもあるわけです。

この関係主義の視座から競技力を厳密に論理化していくと、上記の数式は完全に間違っているという結論に達します。だから私は、この数式が「筋力さえつければ必ず競技力が上がる」というラフな考え方とトレーニング法（ラフ筋トレ）を広め、結果、日本のスポーツ競技力は壊滅的に低下すると警鐘を鳴らしたのでした。

column

父から教えられた「ゆる」むことの大切さ

私は小さい頃から——いや、むしろ生まれたときからといってもいいくらいですが——武術の指導を受けて育ってきました。私の師匠となったのは父で、その薫陶を受けるなかで武術の奥深い世界を知ることとなったのです。

父からよく聞いたのは、

「戦うことがあれば、いかにゆるんでいるかが大事なのだ」

という教えでした。詳しく書くと次のようなことを、何度も何度も私に説いて聞かせてくれたのをよく覚えています。

「これからお前は小学校、中学校と上がっていくことになる。もちろん、争いはないほうがいいが、もし誰かとケンカをするようなことになったり、戦わねばならない場面に遭遇してしまったら、勝つか負けるかよりも、とにかく『いかにゆるみきれるか』を大事にしなさい。

ゆるみきれれば、すべてにおいて一番いい結果が生まれる。武術というのは文化だが、人の生き死にを直接扱うものでもある。自分一人の勝ち負けだけでなく、自分を取り巻く多くの人々、多くの事物をすべて含めたうえで最もいい結果が生まれるようにふるまうべきなのだ。

剛腕をふるって運よく勝てたとしても、それだけでは決していい結果は生まれない。勝つことでかえっていろいろな『悪いこと』が派生し、それが広まっていったりしたら、そんな勝利は悪しきことでしかない。

ゆるみきれれば敵意を増幅させずに済むし、事態を悪化させることもない。他人同士の争いでさえ、途中でスーッと収めてしまうことができる。そして何より、勝った場合にも相手に恨みが広がらぬようにできるのだ」

もちろん、当時は幼い子どもにもわかる平易な言葉で説明してくれたのですが、この教えが私の運動科学にも活きています。

第2章

なぜ従来の筋トレを変える必要があるのか

筋肉が太くなるメカニズムとは

「筋トレで筋肉に負荷をかければ、筋量が増大して筋力も強くなる。その結果、どんな種目のスポーツでも競技力が上がる」——1980年代には、主としてこのような考え方が支持され、筋トレが行われていたことを、前章では確認しました。

筋肉に負荷をかけると、筋量・筋力がアップするのは確かです。

筋肉は、**「筋線維（きんせんい）」**と呼ばれる細長い細胞が集まってできています。トレーニングで負荷をかけるとこの筋線維が傷つきますが、傷ついた筋線維に十分な栄養（とくに重要なのがタンパク質＝プロテインです）を与えると、修復が進むばかりでなく、少し太くなるのです。つまり筋量が増え、増えたぶん筋肉からの出力（筋力）も上がる、というわけです。

読者のみなさんはきっと、「フィットネス」という言葉を聞いたことがあるでしょう。負荷に適応（fit）して筋肉が発達していくこの過程こそ、まさに典型的なフィットネス（fitness）ですが、これは誰にでも共通して起こる、身体の生理学的・生化学的な反応です。

筋力が上がる原理はこのように明らかでしたから、スポーツの世界では指導者やトレーナーらが選手を叱咤激励（しったげきれい）し、より重いバーベルや、より負荷のかかるトレーニングマシンなどを競い合うように取り入れ、選手を筋トレに向かわせました。

選手たちも筋トレに励みました。歯を食いしばり、顔を歪ませ、息を詰め、厳しいメニューに取り組んだのです。「もう限界！　これ以上できない‼」という負荷／回数に達しそうなとき選手たちが発する、「うーっ」「ぐわーっ」といったうめきが、トレーニング室に飛び交いましたが、それこそが、競技力を向上させるべく刻苦鍛錬する〝勇姿〟とみなされていました。

レッグカールで大失敗した日本

では、筋トレに励みに励んだ選手たちは、見事に競技力をアップできたのでしょうか。

残念ながら、うらはらな結果が出てしまいました。

筋トレを一所懸命にやっても、期待したほどには競技力を伸ばせなかった選手や、かえって競技力を低下させ、表舞台から去るしかなくなった選手が続出したのです。

たとえば、オリンピックの日本代表で、金メダルを期待されていた選手の多くが、金メダルどころか、銅メダルすら獲得できずに敗退する、という事態が頻繁に起こりました。さんざん筋トレをしたのに、まったく勝てなかったのです。

また、成績不振に苦しんでいたある有名なプロ野球選手は、挽回を目指して某有名アスレチッククラブのトップトレーナーから筋トレの個人指導を受けました。ところが、競技力がさらに急落して引退を余儀なくされてしまいました。

大相撲の世界でも、パーソナルトレーナーまでつけて筋トレに励んだのに、その後、成績が落ちて引退に追い込まれる力士が現れました。なかには報道されたケースもありましたから、読者のみなさんも何例か思い当たるところがあるのではないでしょうか。

こうした〝悲劇〟のなかでも当時の私にとってとくに印象深かったのは、「レッグカール」と「ハムストリングス」にまつわるエピソードです。

１９８０年代に、ある画期的な研究が行われました。陸上競技のトップアスリート複数の太腿（ふともも）をＣＴで断層撮影し、ワールドクラスに達し

レッグカール

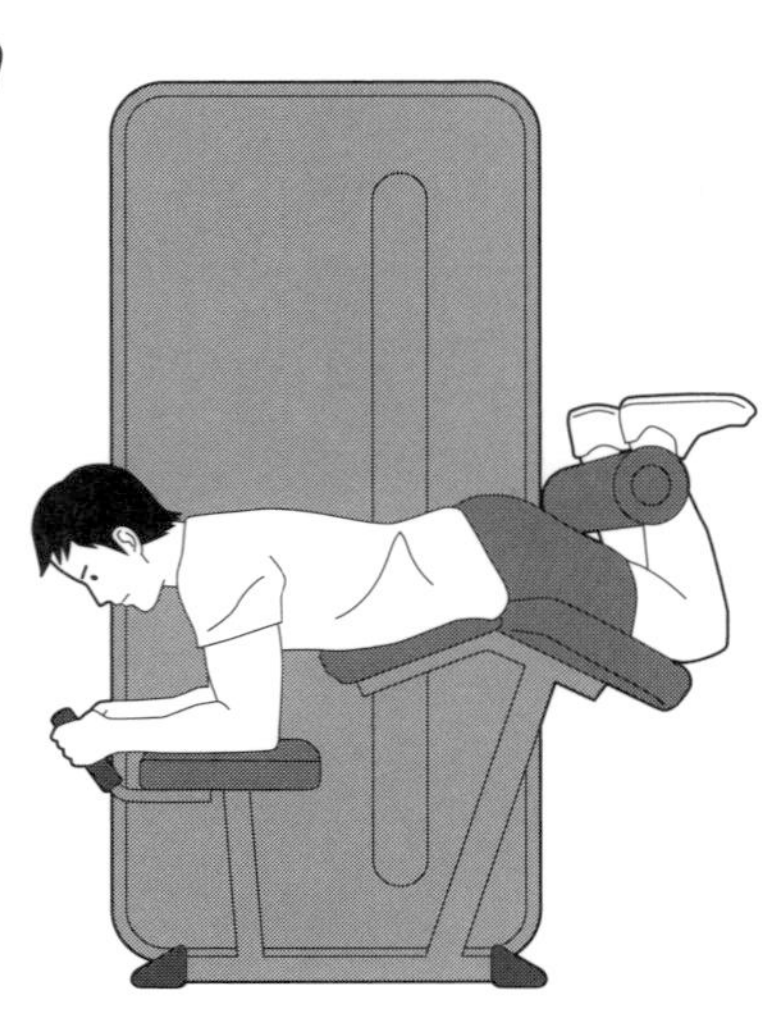

座位とうつ伏せ
2通りのやり方がある

ていない日本のトップ選手と、世界のワールドクラスの選手の太腿を、断層写真をもとに比較するというものでした。

そして研究の結果、ワールドクラスの選手は、太腿の前側にある大腿四頭筋よりも、後ろ側にあるハムストリングスという筋肉のほうが顕著に発達していることが明らかになりました。

この知見に刺激された陸上競技、球技、格闘技、氷上・雪上競技の全日本クラスのチームや選手たちは、こぞってレッグカールに取り組み始めます。レッグカールとは、専用の「レッグカールマシン」を使ったマシントレーニングです。マシンの上にうつ伏せになるか、または座った状態で、脚に負荷をかけながら膝関節（しつかんせつ）を中心に下腿（かたい）をお尻のほうに引きつけることによって、ピンポイントで高効率にハムストリングスを鍛えることができます。

ハムストリングスは、3ヵ月も熱心に鍛えればある程度太くなりますし、1年も熱心に続ければ十分に肥大します。徹底した筋トレのおかげで、選手たちのハムストリングスは、ワールドクラスの選手と比べても遜色ないほどに発達しました。

ところが、パフォーマンスはまったく良くならなかったのです。それどころか、多くの選手が著しく競技成績を悪化させるという、惨憺（さんたん）たる結果に終わりました。

走るときに使われる おもな脚の筋肉

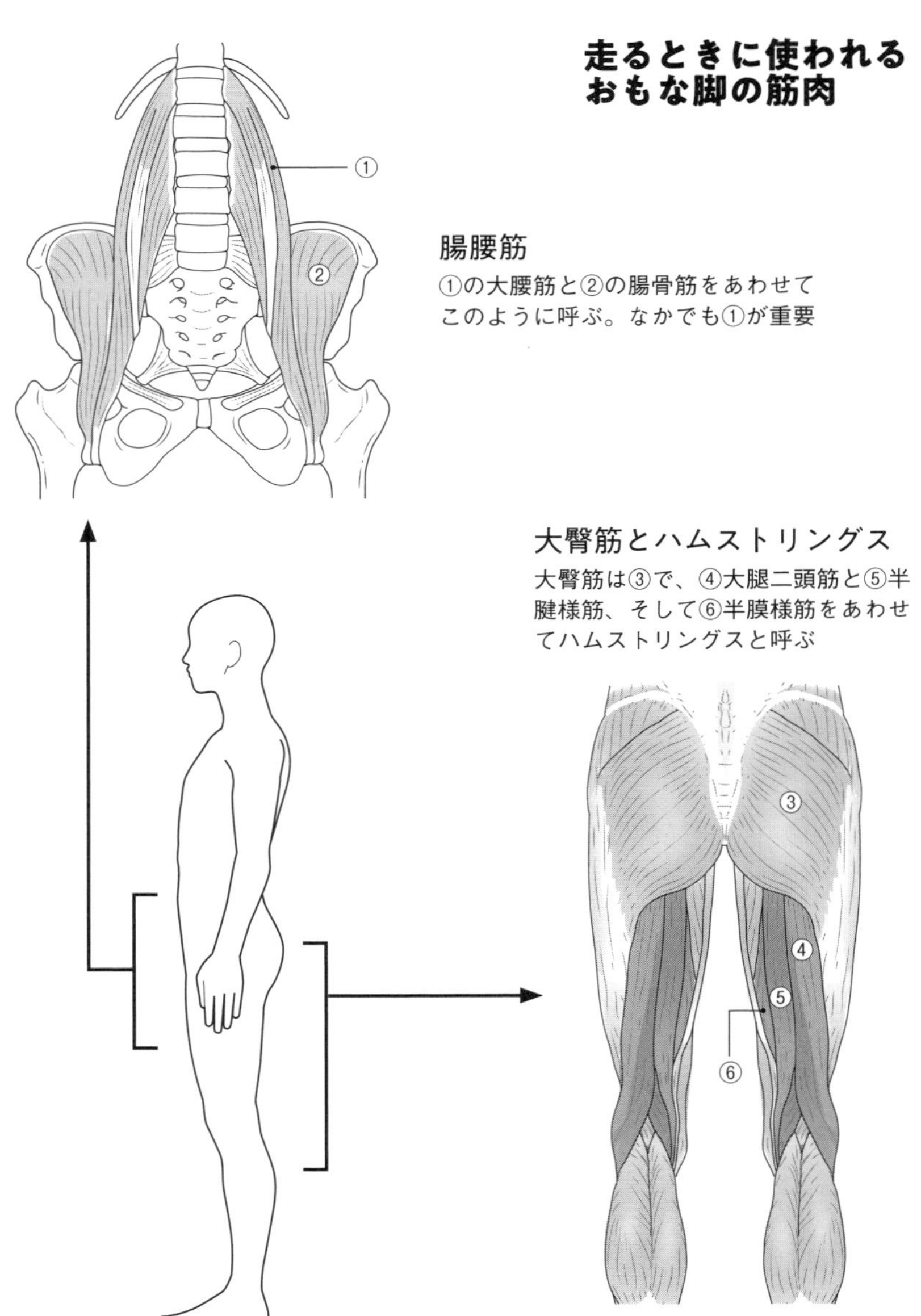

腸腰筋

①の大腰筋と②の腸骨筋をあわせてこのように呼ぶ。なかでも①が重要

大臀筋とハムストリングス

大臀筋は③で、④大腿二頭筋と⑤半腱様筋、そして⑥半膜様筋をあわせてハムストリングスと呼ぶ

筋力アップは競技力の向上に直結しない

指導者と選手がこぞって筋トレに励んでみたところ、選手の競技成績が全体的に低下したわけですから、成績低下の原因の一端は、間違いなく筋トレにあるはずです。

ここであらためて振り返っておくと、１９８０年代当時に信奉されていたのは、次のような考え方でした。

❶筋トレで筋肉に負荷をかければ、筋量が増大して筋力も強くなる
❷結果、どんな種目のスポーツでも競技力が上がる

このうち、❶が正しいことはすでに見たとおりです。誤っていたのは❷のほうでした。**「筋肉が肥大すること」と「肥大した筋肉が競技のなかで有効に機能するかどうか」は、まったく別の問題だったのです。**レッグカールでハムストリングスを太くして、かえって成績を落としてしまった選手たちが、身をもって誤謬（ごびゅう）を証明することとなったのでした。

人間にとって最も基本となる「走る」「歩く」という身体運動において重要になるのは、大臀筋（だいでんきん）とハムストリングスの協働です。股関節を中心に大臀筋とハムストリングスが協働

して大腿骨を後方へ送り出す動きです。

具体的な動作に基づいて考えてみましょう。選手が走っています。彼の左脚が前上方に振り出されていきます。この持ち上がっていく左脚（空中脚）は、接地している右脚（軸脚）のすぐ横を通って上がっていきます。

実はこの瞬間（つまり、左脚が右脚のそばを通るとき。下のイラストでは❷～❸にあたる）、左脚の大臀筋とハムストリングスは股関節まわりで筋収縮し始めています。

筋収縮し始めてはいますが、左脚は全体としては振り上げられていく途上にあるため、左脚の太腿の裏側は引き伸ばされてもいるわけで、前章（36ページ参照）で触れた筋収縮3様式のうち、「伸

走行中の脚の動き

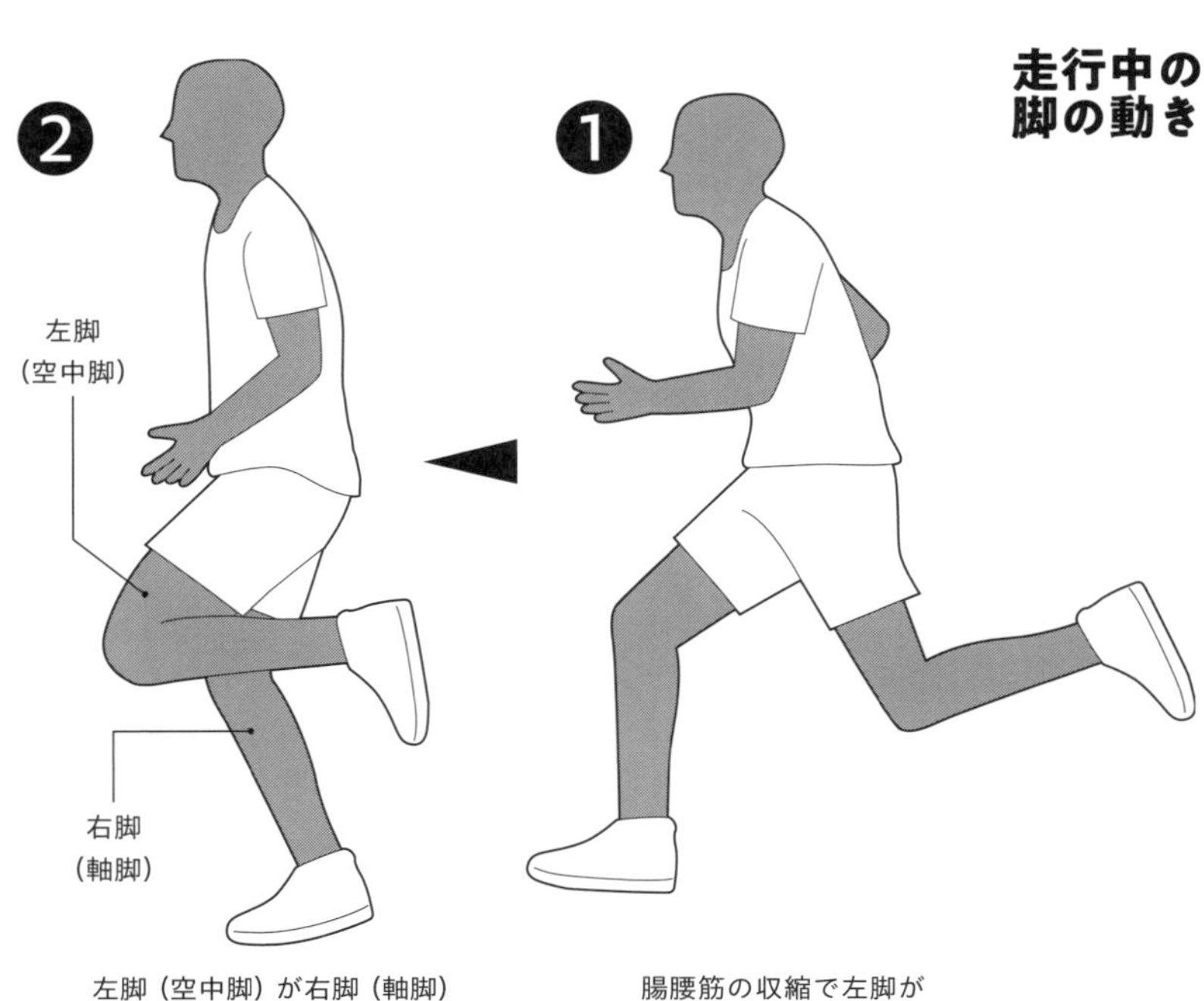

❶ 腸腰筋の収縮で左脚が上がり始める

❷ 左脚（空中脚）が右脚（軸脚）の横を通る

張性筋収縮」（最大の筋力が発揮される様式）が起きているのです。

この最大筋力によって左脚が振り下ろされ、地面をとらえて体幹を前方へ強力に押し出しますが、左足が地面に着く前には右脚が振り上げられ始め、そして空中脚になり、左脚が軸脚になって……（以下同じなので省略）……といった運動のくり返しによって、人間は前へ進んでいくのです。

レッグカールによって失われる「協働」

では、レッグカールマシンでハムストリングスを鍛えると、この協働はどうなるのでしょうか。

実は股関節まわりでのハムストリングスと大臀筋の協働は失われ、かわりにハムストリングスだけが膝関節（しつかんせつ）まわりで働くようになってしまい、本来の機能がまったく発揮されな

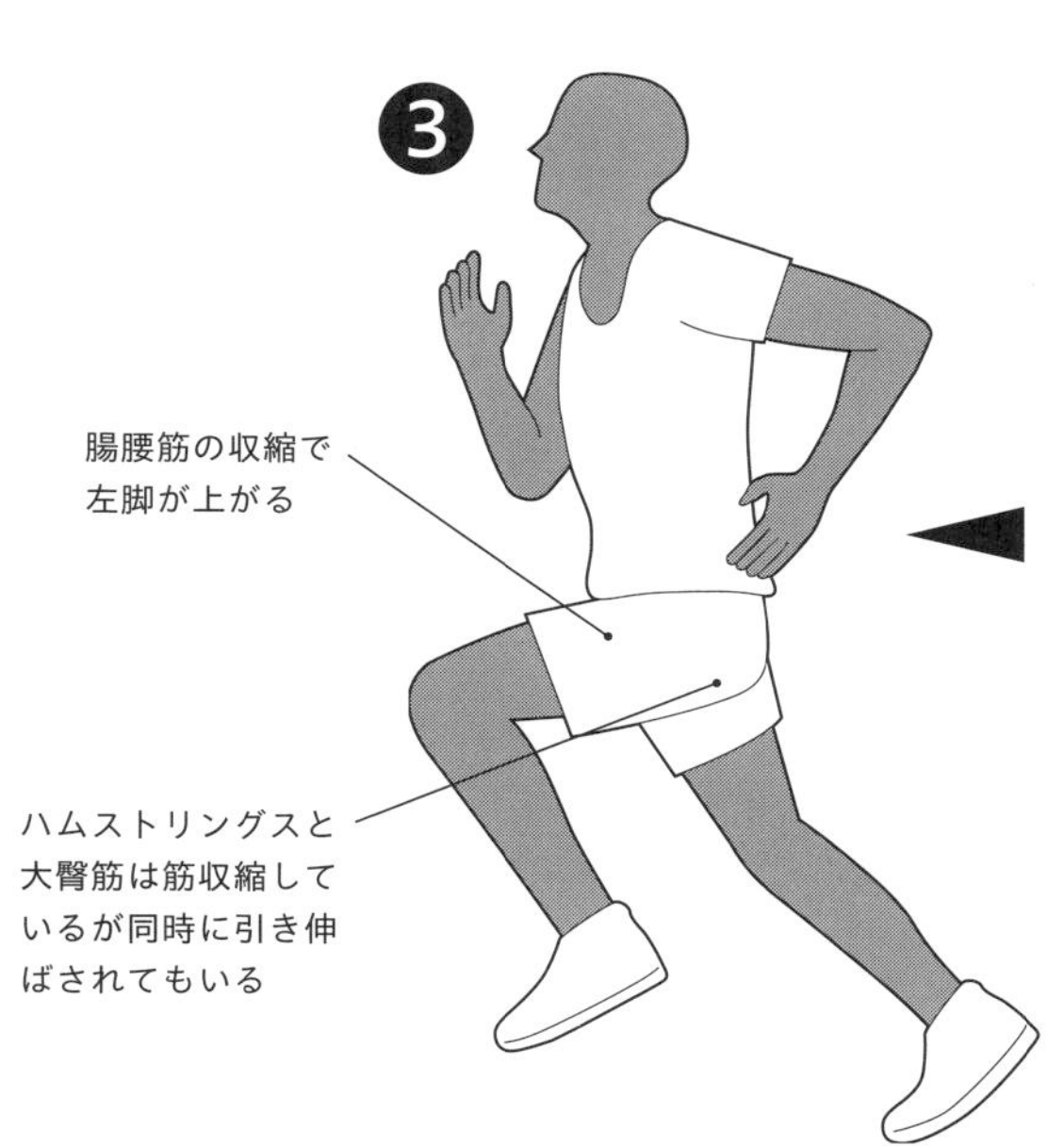

左腿の裏に伸張性筋収縮が生じ、このあと伸張性筋収縮を利用して左脚が振り下ろされると爆発的な前進力が生まれる

くなるのです。

具体的には、左脚（空中脚）が振り下ろされ地面をとらえるまでの過程で、ハムストリングスの膝関節まわりの部分を中心に筋収縮が起き、左足が着地すると同時に膝関節が曲がる、ということが起きてしまいます。結果、歩くときも走るときも重心が過度に上下するせいで、前進力につながらない〝ピョコタン、ピョコタン〟という感じの非効率な歩き方・走り方になってしまうのです。

レッグカールが大ブームとなった時期、私は各種目の全日本代表チームや選手の多くの強化シーンでこの「ピョコタン歩き（走り）」に出会いましたが、そのたびにメカニズムをていねいに話して修正を促したものでした。

人間に必要なのは「レフパワー」だ

どんなにトレーニングを積んでも、筋肉が本来の機能を果たせなければ、よいパフォーマンスは発揮できません。そのことは前節の説明から明らかになったと思います。次に、鍛えぬいた筋肉がなぜパフォーマンスをダメにするのか、脳との関係のなかで考察してみましょう。

特定の筋肉（あるいは筋肉群）だけを集中的にトレーニングする人の意識は、もっぱら負荷がかかっている部分に集中的に向けられます。負荷が大きくなればなるほど筋トレは厳しいものになるので、その人は自分を鼓舞し、ある種の興奮状態に達して、ただひたすら筋出力しようとします。

このように、特定の筋出力のため、なりふりかまわず心身を動員して発揮されるパワーを、私は過去の著書で「ラフパワー（Rough Power）」と命名し発表しました。「rough」という英単語に「粗雑で荒々しい」という意味があるのは前章でも書いたとおりです。

野球、サッカー、陸上競技、水泳、氷上・雪上競技など、世の中には多種多様なスポーツがありますが、おおよそ１９８０年代半ばから２０００年前後までの約15年間を頂点として、選手やコーチ、トレーナーらは、このラフパワーを高める筋トレ（すなわち、ラフ筋トレ）に邁進（まいしん）していたと言えます。

しかし、スポーツ競技で必要とされているのは、ラフパワーではありません。

競技の具体的な場面では、自分を取り巻く状況を十分に察知しながら、同時に絶えず、全身のどの部分のパワーをどのように発揮し、そのためには各部分をどう配置配列しつつ動かせばいいのか、潜在脳で瞬時に次々と判断し、正確に実行する必要があります。

しかも、その判断と実行は、周囲にいるチームメイトや、相手チームの各選手との関係をも考慮して行われねばならないのです。

「ある空間内における身体のすべての部分の配置配列」「行動のタイミング」「全身と部分

の連動」「パワーにおける力とスピードの配分」「周囲の変化との対応」などといった、膨大な変数を考慮したうえでの顕在かつ潜在的な身体の統合操作は脳によってなされます。

したがって、現実の競技場面で優れたパフォーマンスを発揮するには脳の優れた活動が必須不可欠であり、優れたプレーをしたいのであれば、脳の高度な活動と統合された状態で筋活動が行われ、パワーが発揮されねばなりません。

そのようなパワー、すなわち**脳の高度な活動と筋力の発揮が統合され生み出されるパワーこそ、私が「レフパワー（Refined Power）」と名付けたものなのです。**これは前にも書きましたが、粗雑で荒々しい「ラフ」に対し、精製され洗練されたという意味の英単語「refined（リファインド）」の、最初の3文字「ref（レフ）」を取った言葉です。

そして、レフパワーを向上させる筋トレが「レフ筋トレ」です。

「力み」の弊害①　筋出力を妨げる

ここで、全力で筋トレに励んでいる人を思い浮かべてみてください。たとえばベンチプレスがいいでしょう。

眉間にしわを寄せ、歯を食いしばり、全身をこわばらせ、とくに肩関節まわりの三角筋や大胸筋など肩まわりの筋肉に力をみなぎらせて、何度もバーベルを上下させ、ついに

「アアーッ」と咆哮してラスト1回を終える――そんなイメージが浮かぶかもしれませんが、それこそ典型的な「ラフ筋トレ」です。

彼の全身には、力がみなぎっています。「みなぎっている」と表現すると、いかにもいいことのように聞こえますが、実際には必要のない「力み」が身体中にこもっています。言い換えると、必要のないところにまで力が入り、力みかえってガチガチに硬くなっているわけです。苦悶に顔を歪めて筋トレに励むアスリートに、

「真に必要な筋肉以外の全身をリラックスして、顔の表情を平静にしてごらん」

と指示したところ、途端にパワーが落ち、あるいは「そんなことできなーいっ！」と絶叫して果てる――そんな場面を私は何度も見てきました。

この力みが筋出力を妨げ、同時に脳に余計かつ過重な負荷をかけるせいで、パフォーマンスが低下するのです。

「力み」の弊害② パフォーマンスを妨げる

たとえばダンベルを握り、肘を曲げて持ち上げる動作を想像してみてください。上腕二頭筋がグッと収縮して「力こぶ」ができるでしょう。

この上腕二頭筋のように、ある動作を行うときに主役となる筋肉を**「主働筋」**と呼びま

すが、動作の前から用もないのに主働筋が固まって筋収縮を起こしていたら（すなわち、力んでいたら）、それは力の無駄遣いでしょう。その上腕二頭筋が発揮できたはずの力が十分に出せなくなってしまいます。

つまり、力んでいてはダメで、力が抜けてゆるんでいる、すなわち脱力や緩解がうまくできていないと、筋収縮が下手になるわけです。

その筋肉が可能性としてもっているはずの筋収縮能力を１００％発揮できずに終わってしまう——そう言い換えてもいいでしょう。

問題はそれだけではありません。ダンベルを持ち上げたあとは、上腕三頭筋が筋収縮して肘を伸展させます。

主働筋（ここでは上腕二頭筋）と正反対の働きをすることから、この場合の上腕三頭筋は**「拮抗筋」**と呼ばれますが、仮にダンベルを持ち上げようとする前からこの拮抗筋が力んでいたら、どうでしょう。間違いなく主働筋の働きを妨げてしまいます。

全身がゆるゆるにゆるみ、拮抗筋にも力みがなく、それどころか、ほかの筋肉もゆるゆるにゆるんでいて、主働筋が存分に活躍するという、そんな状態が前提として成立していなければ、正しく優れたパフォーマンスは決して発揮できません。

しかるに、その程度はさまざまですが、ほとんどの人は主働筋が用もないのに固まって筋収縮し、無駄に力んでいる状態にあります。この状態から逃れられているのは世界のトップ・オブ・トップのアスリートだけで、それも調子のいいときに限られているのが現実です。

優れた筋収縮能力を発揮するためには、主働筋がマシュマロやつきたてのモチのようにやわらかい状態でなければいけません。力を抜いたときには、キレイに脱力し、ゆるみときほぐしきれることが大事なのです。

「力み」の弊害③　脳に余計な負担がかかる

みなさんが自分の身体を動かせるのは、脳から電気信号が発せられ、神経を伝わって筋肉に届くからです。すなわち、身体には情報伝達のシステムがあるのです。しかし、情報は「脳→筋肉」へと一方的に伝えられているわけではありません。

「前庭（ぜんてい）」という器官をご存知でしょうか。前庭は内耳にあり、身体のバランスを計測する「センサー」として機能しています。

ところが、センサー機能を担（にな）っているのは前庭だけではありません。実は全身の筋肉にも膨大な数のセンサー（感覚受容器）が備わっていて、それらは「筋紡錘（きんぼうすい）」と呼ばれています。さらに言うと、そうしたセンサーは骨にも備わっているのです。

すなわち私たちの身体は、その内側のあらゆる場所がびっしりとセンサーに覆われてい

る状態なのです。

そしてそれらのセンサーから、筋肉に作用している張力、骨にかかる圧力、身体の傾き具合……などのおびただしい情報が時々刻々と、それこそ一瞬の隙もなく脳に送られています。その送られた情報は、潜在脳で統合・把握され次に何をするか、どう動くべきか、といったスーパーコンピューターさながらの計算が行われます。

このとき筋肉に「力み」があると、この計算は正しく適切には行われなくなります。

人体には常時、重力がかかっています。重力下で正確、精妙なパフォーマンスをイメージしたとおりに行おうと思ったら、重力に抗して望ましい動きをするのにどれほどの力がいるのか、といった計算が本来行われるべきでしょう。

筋肉の余計な「力み」は、重力とは無関係にかかっている無駄で不要な張力にほかなりませんが、そのような無駄で不要な情報も、潜在脳は感知しています。

身体には、約200個の骨と500以上の筋肉がありますが、それを3次元空間のなかに配置して動かす方法は無限にあります。余計な「力み」があると、無駄な情報が大量に脳に送りこまれることとなり、脳にかかる負荷が増え、正確な計算が妨げられます。

スポーツ選手が緊張したり、疲労したり、あるいはもともと力みやすいタイプの選手だったりすると、動きがぎこちなく、コントロール能力も発揮できずに、シャープでスピーディーな動きができません。それは脱力ができていない、すなわち身体がゆるんでいないせいです。だから徹底的に緩解脱力をしなくてはならないのです。

これを逆に言えば、徹底的にゆるみ、脱力すれば、脳にかかる無駄な負担が減るので、精神は清明で気持ちには余裕ができ、思考力も明快になるはずです。筋肉も、本来の力と機能を発揮できるようになるのです。だから「こういうトレーニング（レフ筋トレ）をやると頭がよくなるのですか？」と尋ねられたら、その答えはもちろんイエスです。

なぜ、ラフ筋トレはなくならないのか

再び話を１９８０年代に戻します。

１９８９〜93年にかけて発表した『鍛練の理論』（恵雅堂出版）をはじめとする鍛練シリーズ４部作などの著作を通じて、私は関係主義の立場から批判を行いましたが、この理論に触発された勉強熱心なスポーツ科学者、コーチ、トレーナーなどが、トレーニング方法の改革に着手し始めます。

私の用語を使って表現すれば、「ラフ」な筋トレを一新しようというのですから、この改革は日本スポーツ史上最大の意義をもつものだったはず、なのですが、はたしてその改革が完遂されたのかというと、「レフ化」の奥行の真の深さを知る私が見る限り、ごく一部の例外を別にすれば、まだ大きな〝のびしろ〟が残されていると感じています。

そのおもな原因は2つあります。

一つは、「ラフ筋トレでも、筋量と筋力はアップする」という事実にあります。

高校野球を例に挙げましょう。常に甲子園出場を決め、優勝候補に挙がるようなチームが、専門のトレーナーを招いて徹底した筋トレを行っていることがあります。個人に目を向けると、プロ入りがささやかれ、実際にドラフト指名される高校球児がいるような学校でも、ラフな筋トレは行われています。

ラフな筋トレを徹底的に行えばスキルは落ち、打撃やピッチングが粗っぽくなるなど、選手の能力は伸び悩み、さらに精神面でも成長できません。

ところが高校野球の場合は、ある程度の素質さえあれば「筋力が上がったこと」そのものがプラス要素となり、強豪校に所属していてもレギュラーとして通用する場合があるのです。ときには好投して観客を驚かせたり、4割以上打つなど活躍してプロに誘われる選手すら出てきます。

ところが、その先のプロ野球ともなると、もう歯が立ちません。プロ野球の世界では、単なる筋力はアドバンテージにならないのです。脳と身体の高度な統合に基づいた優れたパフォーマンスが発揮できなければ、一軍のレギュラー選手にはなれません。

余談ですが、高校野球のシーズンになると私がつい、やってしまうことがあります。個々の出場選手に着目して、

「彼は一軍で継続的に活躍するはずだ。○」

「一軍には上がれるが、継続的に活躍するのは難しいだろう。△」

「この選手は、残念ながら一軍では通用しないだろう。×」

と、将来の選手の伸びを3段階評価で予測してみるのです。結果は、ほとんど予想どおりになります。普段からレフ筋トレを実践する私の目から見れば、能力の向上が頭打ちになりそうな選手はその理由とともにわかるのです。

「やり切った感」という避けがたい罠

ラフ筋トレがなくならない、さらなる原因として挙げられるのが、ラフ筋トレによって得られる2つの満足感、「筋肉隆々の満足感と自信」と「やり切った感」です。前者の「筋肉隆々の満足感と自信」はあまりにわかりやす過ぎるので、論じるまでもないでしょう。本章では後者だけに話を絞ります。

ここで、ちょっと思考実験をしてみましょう。腕立て伏せをしている自分を想像してください。あるいは、本書を脇に置いて横目で見ながら、実際にやってくださっても構いません。

まず全力で10回、プッシュアップしてください。ちょっと疲れましたね。

同じペースで20回までがんばってみましょう。三角筋や上腕三頭筋がパンパンになってきました。30回までペースを落とさずに続けてください。限界でしょうか？　いや、ここで挫(くじ)けてはいけません。もう少しがんばってみましょう。

38回、39回、そして40回目、ぐっと曲げた肘を「ッツツアアアア！」と絶叫しながら伸ばしきって、あなたは見事、腕立て伏せ40回をやり終えました。

何を感じますか？　筋肉の張りや疲労感とともに、妥協せず、甘えず、限界までやり切ったという心地よさが残るのではないでしょうか。それこそが「やり切った感」です。

ラフに筋トレに打ち込んでいる人は、いつしか筋トレよりも、この「やり切った感」を味わうためにトレーニングに励むようになります。トレーニング以上に、トレーニング後の感覚がある種の〝生きがい〟になってしまう――そういう現象が見受けられるのです。

もちろん、それもひとつの大事な価値観ですが、ラフ筋トレを続けても、能力の向上はどこかで頭打ちになります。さらに、過剰にやり続ければ健康を害することにもなりかねません（第1章を参照）。同じ負荷の筋トレをレフにやれば健康増進につながり、ラフにやれば健康を損ねるリスクが高くなることが科学的に解明できています。

固く肥大した扱いにくい筋肉、そして一時的な「やり切った感」の2つと引き換えに、「健康」や「人としての成長」から遠ざかっているとしたら、それは実に残念なことではないでしょうか？

超一流は必ず「レフパワー」を身につけている

筋トレを「筋量と筋力を増大させる手段」にすぎないと思っている人も多いことでしょうが、筋量と筋力の増大は、筋トレの一面――心技体の「体」の部分の、ほんの一部――にすぎません。

筋トレとは本来、身体のありかたそのもの、意識（心）、スキル（技）、はては人間関係の能力など、脳が司る多様な能力をもその要素として含んだ、トータルな人間現象としてとらえられるべきものであり、ラフパワーではなく、レフパワーを向上させるものでなくてはいけないのです。

すでに見てきたとおり、筋トレにラフに打ち込んでいる人ほど、身体の全組織を緩解させる必要があることを忘れてしまい、また、次章で詳しく触れるセンター（軸）を通す必要があることまでを忘れて打ち込んでしまいます。そのような人は例外なく、強い筋出力をするときに顔を歪め、うめき声をあげ、力みかえっています。

では、レフな筋トレに取り組んでいるアスリートたちはどうかというと、まったく対照的に、ゆるゆるにゆるみきって、素晴らしくバランスの取れたセンター（軸）が通り、穏やかに飄々とプレーに取り組んでいます。その表情、身のこなし、そして言動は、すべてレフパワーによるものです。

次章では、その身体使いから見て、日々レフな筋トレに取り組みレフパワーを高めていた（あるいは現在も高めつつある）と思われるアスリートを紹介します。先に名前だけ挙げておくと、対象となるのはイチロー、大谷翔平（おおたにしょうへい）、ウサイン・ボルトの3人です。

真のトップ・オブ・トップは、ほかのアスリートと比べてもさらにゆるみきって、圧倒的にバランスの取れたセンター（軸）が通り、まったく力んでおらず、穏やかで、外からは冷静に見えるし、内面も実に冷静なのです。

彼らはクールな表情で驚異的なパフォーマンスをこなしてみせます。それが観客を引きつけますが、試合中に限らず、トレーニング中はもちろんのこと、練習から生活のあらゆる場面にわたって、高く洗練された身体活動を続けています。それこそが運動から行動、生活全般の**「レフ化」**であり、脳のレフ化による**「生き方のレフ化」**です。

選手のメンタルもレフ化されてきますが、そのことは表情や発言からわかります。一挙手一投足、言葉の一つ一つに精神性が現れ、見ている人がひきつけられるのです。

だからこそ私は、筋トレを全人的な現象、つまり人間のさまざまな能力領域に影響を与える現象だと説いているのです。筋トレブームと言われて久しい昨今、レフ化の視点が欠けているのは、恐ろしいほどにもったいないことと言わざるを得ません。

レフ筋トレに取り組むべきこれだけの理由

ここまでの内容をあらためてまとめると、次のようになります。

本来ならば脳活動と優れて統合されたかたちでトレーニングが行われるべきで、そのような高い統合性があるトレーニングを、私は「レフ筋トレ」と名付けたのでした。

(ちなみに、一般書である本作では詳しく立ち入りませんでしたが、ここでいう「脳活動」とは、具体的には、大脳前頭連合野と自律神経を動員したコンセントレーションとリラクセーションの統一、および大脳基底核、小脳などを動員した高度な緩解とセンター(軸)の達成などを指しています)

このレフ筋トレに対し、要素主義に立脚し、筋量・筋力増加をもっぱらの目的として行われるのが「ラフ筋トレ」です。かつての日本では、スポーツ界があげてラフな筋トレに取り組んだ結果、かえってパフォーマンスの低下を招いてしまいました。

実際、1980年代後半から2000年頃までの約15年間は、日本スポーツ史における「冬の時代」とすらいえるような状況だったのです。その期間に開催された夏季オリンピックにおける金メダル獲得数を見てみると、競技力の低迷ぶりが如実にわかります。

先ほども書いたとおり、ラフ筋トレを行えば筋肉は太くなるので、ともかくもパワーア

日本の金メダル獲得数（夏季オリンピック）

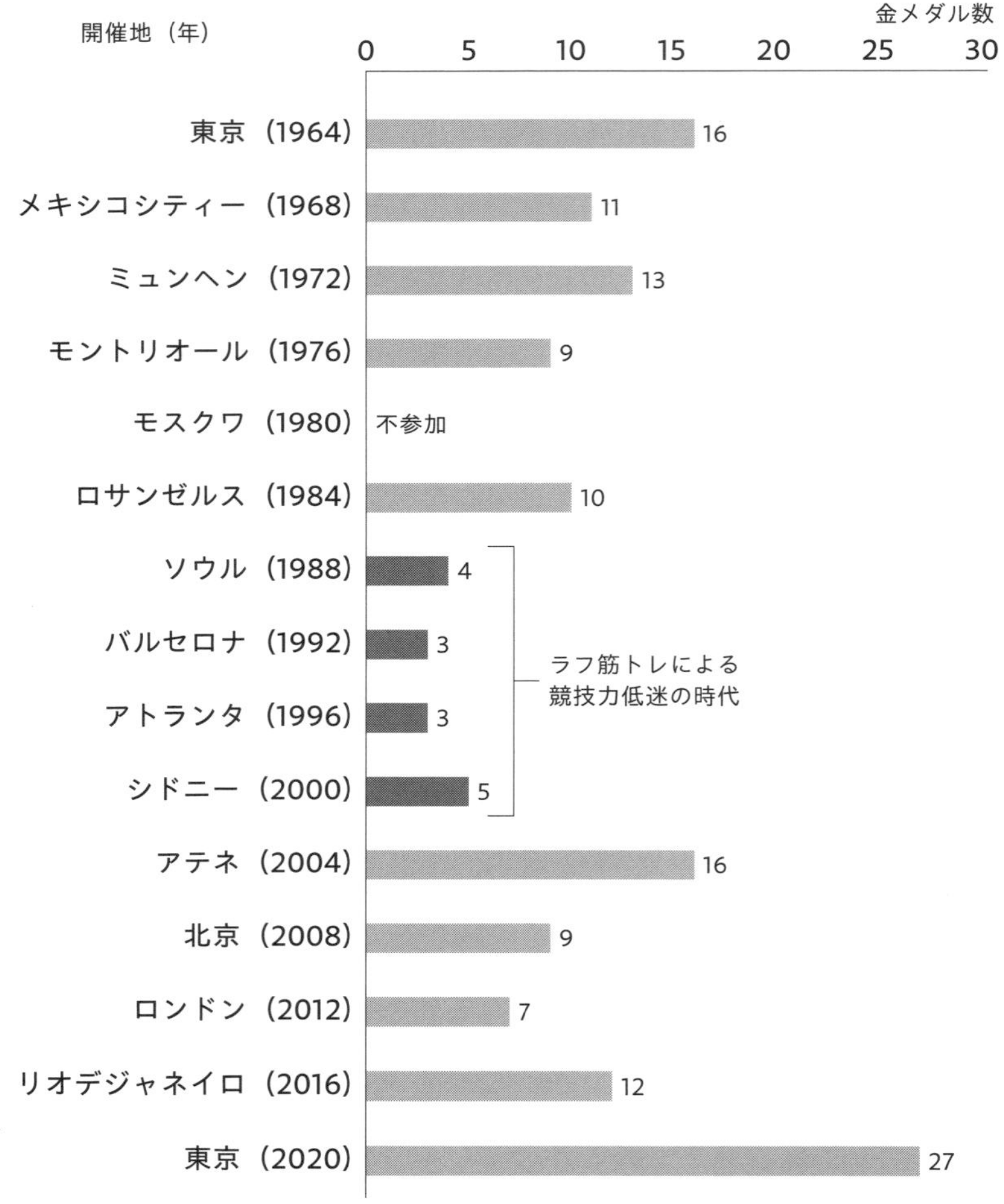

＊以下のサイトからデータを収集し作成した
国際オリンピック委員会（https://olympics.com/en）
公益財団法人日本オリンピック委員会（https://www.joc.or.jp/）

ップは実現できます。限られた範囲であれば、パフォーマンスのレベルも上がるでしょう。

しかし、すぐ頭打ちになり、選手の力が低迷し始めるのは間違いありません。それ以上ラフ筋トレを続けても、人が脳と身体の統合的な潜在力を十分に発揮し、一流の高みに達することはあり得ないのですが、そのことに気づかぬまま「何とかしたい」とさらにラフ筋トレをがんばり過ぎると、選手生命を縮めることになります。

第1章で書いたとおり、私たちは筋肉を使い、筋肉と付き合って生きるよう、遺伝的に宿命づけられています。超一流のアスリートもビジネスパーソンも主婦（主夫）も学生も、筋活動によって生きているという点では変わりありません。

ラフ筋トレに打ち込む高校生を、ビジネスパーソンを、あるいは主婦を想像してみてください。**打ち込めば打ち込むほど、彼らは理想の自己像から遠ざかり、潜在能力（心やスキル、動きやそのコーディネーション能力、人間関係の調整力など）を棒に振ることとなるのです。**これはもはや、国家・社会にとっての一大損失と言っても過言ではないと思います。

脳と筋肉に高度な統合性をもたらすレフ筋トレに取り組んでこそ、人は潜在能力を開発できるのです。そのレフ筋トレによって到達しうる理想の高みを、次章で少しだけお目にかけましょう。

第3章

「レフ筋トレ」でどこまで能力を高められるのか

レフパワーを身につけたアスリートたち

およそアスリートは、それこそアマチュア選手から一流のプロ選手まで、独自のトレーニングを積み重ねているものです。トレーニング方法というのは一種の機密事項であり、通常、公開されることはありません。しかし、私のような運動科学の専門家は、その選手がどんなトレーニングを積んでいるか、だいたい見抜けます。

この章では数多(あまた)いるアスリートのなかから、レフ筋トレを実践していると思われる一流選手を3人とりあげて、その身体と意識について論じてみたいと思います。

あらかじめお断りしておきますが、そもそも彼らは実践するトレーニングをほとんど公開していませんし、「自分はレフ筋トレをやっている」と表明したわけでもありません。ですが、その身のこなしや言動から見て、間違いなく日々、レフパワーを鍛える努力をしていると推定できる選手たちです。おそらくトレーニングの一環として、私が提唱するレフ筋トレと同質の筋力トレーニング（レフな筋トレ）を実践しているのでしょう。

そのような、レフな筋トレによって能力を向上・開花させたと思われるスポーツ選手としては、

・イチロー

- **大谷翔平**
- **ウサイン・ボルト**
- **大橋悠依**（東京オリンピックの競泳個人メドレー200mと400mの2種目で2冠を達成）
- **内村航平**（ロンドンオリンピックとリオデジャネイロオリンピックの体操競技で個人総合2連覇し、計7つのメダルを獲得）

といった人物を挙げることができますが、本書ではそのうちの3人（イチロー、大谷翔平、ウサイン・ボルト）にフォーカスして論じてみたいと思います。

イチローも大谷翔平も身体がゆるみきっている

考察にあたり、なによりも最初に指摘しておきたいことがあります。**それは、とりあげる3人は共通して「徹底的にやわらかく、ゆるんだ存在である」ということです。**イチローの緩解度の深い柔軟性はその好例といえます。

現役時代のイチローは、打席に立つたびに、ネクストバッターズサークルで股関節まわりや肋骨、そして肩まわりを十分にときほぐし、ゆるめる動作をしていたものですが、ファンでなくともそんな彼の姿を一度や二度、見て記憶している人は多いはずです。

シアトル・マリナーズ時代のイチロー。ロイヤルズ戦で「腰割り」を行っている（©EPA＝時事）

とりわけ両脚を大きく開いた状態からグーッと腰を落とす「腰割り」は印象的でした。イチローは、股関節をほぼ180度の角度で開脚し、両膝の関節が鋭角になるくらいまで腰を落とすことができたのです。股関節や膝関節（しっかんせつ）を中心に、身体がトロトロにゆるみきっていないと、絶対にこのようなかたちにはなりません。

このことから、イチローは身体をゆるめ、やわらかくするための、明確で専門的に工夫された体操法（もしくは運動法）を導入していたと推察できます。

そして、同じように身体がゆるみきった現役のアスリートとしてすぐ思い浮かぶのが、大谷翔平です。

ゆるんだ身体を支えるのが「センター」

読者のなかには、昔から大谷ファンだったという方もいるでしょうが、そうした既存のファン層の枠を超えて、世界中が大谷に注目するようになったのが、2021年のメジャーリーグのシーズン前半戦でした。

大谷は素晴らしい打撃で、オールスターまでの前半戦だけで33本ものホームランを量産しました。

ときには、ほかの選手では決して本塁打にはできないような、内角高めの見事な速球に対しホームランを打ったこともありました。そうかと思えば、ボストン・レッドソックスの本拠地球場「フェンウェイ・パーク」での試合では、球場左翼の巨大フェンス（通称グリーン・モンスター）を越えるほどのホームランを見せたこともあります。

このときのボールはアウトコース低めでした。大谷は左打者ですから流し打ちとなるため、よほど上手に打ってもレフトフライになるか、グリーン・モンスターにぶつかってせいぜい二塁打に留まるところ、見事に特大アーチを描いてみせたわけです。まさに圧巻のパフォーマンスでした。

この前半戦の時期を見た方にはよくわかると思いますが、大谷は身体がとてもゆるんで

40号ソロ・ホームランを放った、ロサンゼルス・エンゼルス時代の大谷翔平（©時事）

タラーンとしていました。ベンチに座っていても、歩きながらほかの選手と肩を叩（たた）き合っているときも、グラウンドを歩いているときも力が抜けて、常にタラーン、クターンとしていました。

　どのくらいゆるんでいるかというと、たとえばアスリートでも何でもない一般の人が、いまこの瞬間に同じような身体の「ゆるみ」を手に入れたら、とても立っていられなくなる……というくらい、身体がゆるゆる・トロトロに、それこそ溶けてしまうほどゆるんでいるのです。

　中綿が少なめの、人型の大きなぬいぐるみを想像してみてください。そのぬいぐるみの、頭のてっぺんを指でつまんでぶら下げて、直立させてみましょう。もちろん手を離したらクターッと潰れてしまいます。それこそ身体が「タラーン、クターン」とした状態ですが、大谷はまさにそんな立ち方をしていたし、いまもしています。では、なぜ大谷はそんな身体で立てるのでしょう。

これは大谷だけでなくイチローにも共通して言えることですが、身体がゆるんだ状態で立ち、そして驚異的なプレーができるのは、彼らに〝ある能力〟が備わっているからです。

みなさんもどこかで一度はお聞きになったことがあると思いますが、**その能力とは脱力してゆるみきっている身体をまっすぐに立たせるための〝装置〟ともいえるもので、スポーツ界ではよく「軸」と呼ばれています。**

「体軸」と表現されることもあり、日本の伝統的な武術や芸能の世界では「正中線」、クラシックバレエでは「センター」、英語では「axis」と翻訳されますが、私はおもに「センター（軸）」という表現を使うことにします。

（厳密には「センター」と「軸」は使い分けるべきですが、ほぼ同義と捉えても本書では差し支えありません。したがって、以下では「センター（軸）」と総称し、文脈に応じて適宜、より読者のイメージを喚起できそうなほうで表記します）

センター（軸）が強烈に発達していれば、全身の筋肉の力を抜き切ってゆるゆるになっていても身体を絶妙なバランスで立たせておくことができ、ひとたび動けばとんでもなく優れたパフォーマンスを発揮できます。

大谷には、そんな天性の能力があるのです。

ウサイン・ボルトの「トカゲ走り」とは

プロ野球選手ばかりを紹介してきましたが、陸上競技の世界にも身体が無上にゆるんだ選手がいます。たとえば、ウサイン・ボルトは私が最もつぶさに観察・分析したアスリートのひとりです。

ボルトといえば、北京、ロンドン、リオデジャネイロオリンピックの3大会連続で100m、200m、4×100mリレー9種目合計で計8個の金メダルを獲得するという偉業を成し遂げた人物ですから、よく覚えているという読者も多いはずです。

私は以前、彼の走行スタイルの運動構造を世界で初めて解明し**「トカゲ走り」**と名付けて発表したことがあります。

「走る」という運動は、一見すると「脚を速く動かして前に進

2009年の世界陸上、男子200m決勝で世界新をたたき出したウサイン・ボルト（©時事）

むだけ」のシンプルなものと誤解されがちです。だから前章で見たような、「ハムストリングスを集中的に太くすれば速くなる」などといった、ラフ筋トレ的な発想が浮かびやすいのですが、トカゲ走りは脚だけを使うのではなく、体幹部からのエネルギー出力によってとてつもないパフォーマンスを可能にする走り方です。

具体的に言うと、**背骨がゆるゆるにゆるんだ状態で、体軸を波のように左右にうねらせ、脚も腕もムチのようにしならせて、体幹から推進力を生み出す走りである**、という点に特徴があります。

全盛期のボルトの走行中の姿勢をイラスト化したものをご覧ください（次ページ参照）。常識的な走り方とはまったく正反対に、軸足の股関節より空中にある脚（空中脚）の股関節のほうが、明らかに低くなっているのが見てとれます。この**「空中脚腰（股関節）下垂」**によって、空中脚側の大腰筋が伸び、次の瞬間、急激に縮まることで、通常の走りでは脚に起こり得ないような、強力なバネ収縮である伸張性筋収縮が生まれます。まさにこの空中脚腰（股関節）下垂こそ、超一流の走りを生み出すメカニズムなのです。

並のアスリートでは、こうはいきません。通常は、接地脚と空中脚が正反対に、右足が地面に着いているときは空中にある左の股関節が高く、左足が運ばれて、左足が着地したときは空中にある右の股関節が高く……、といった具合に、股関節の高さがわかりやすい関係で一歩ごとに交互に入れ替わっているわけです。

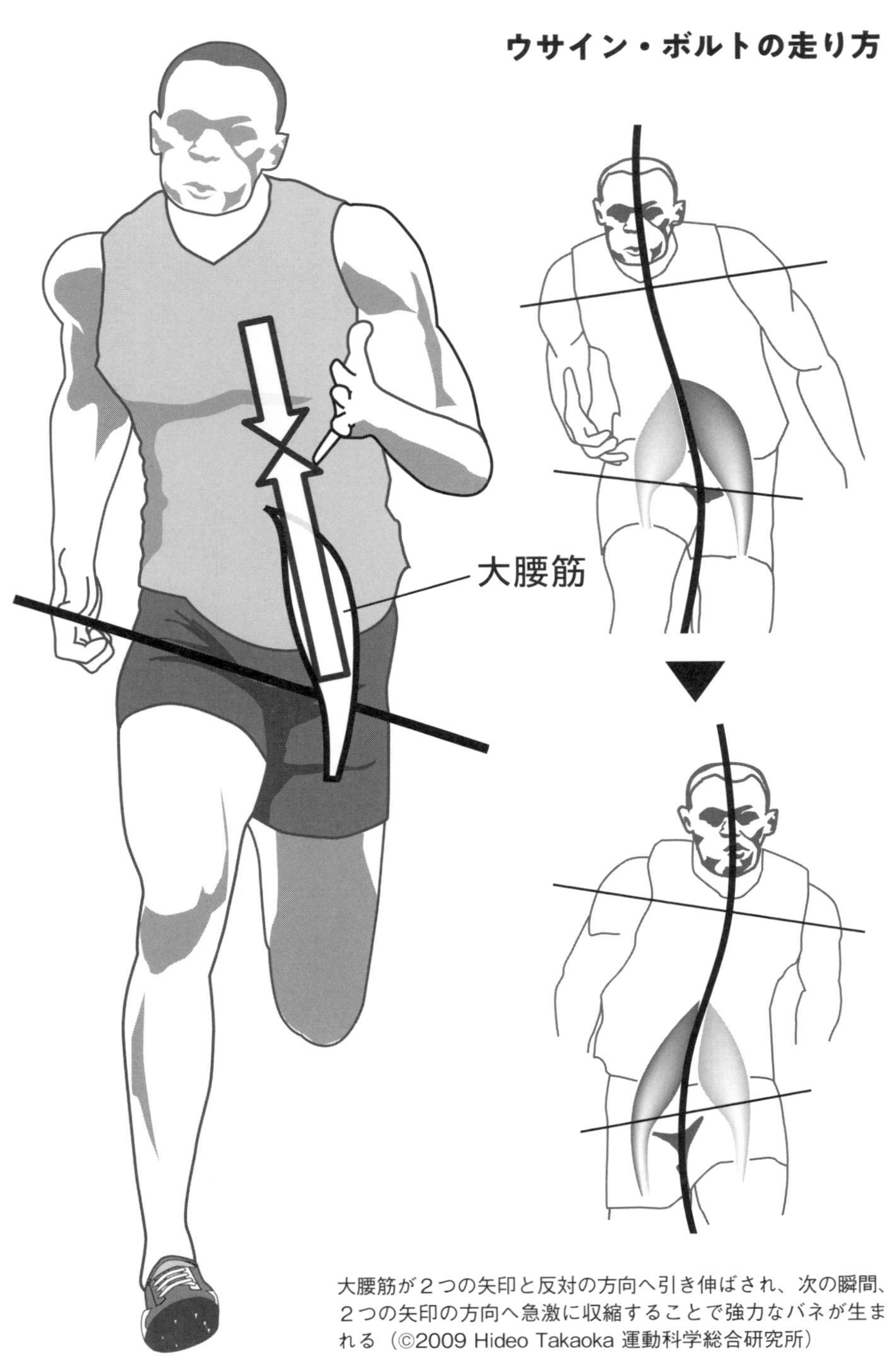

大腰筋が２つの矢印と反対の方向へ引き伸ばされ、次の瞬間、２つの矢印の方向へ急激に収縮することで強力なバネが生まれる（©2009 Hideo Takaoka 運動科学総合研究所）

ウサイン・ボルトのトカゲ走りは、徹底的にすべての背骨までもゆるゆるにゆるみきった身体があって初めて可能となる走り方です。

一般的な意味でリラックスしているということではなく、筋肉、骨、関節、極論すれば細胞の一つ一つのレベルまで徹底してゆるんでいるから、主働筋の筋活動による出力が大きく加算されるのです。と同時に、拮抗筋（きっこうきん）およびその他の全身体部位にも筋出力の邪魔をする余計な力みがないので、パフォーマンスは見事に発揮されます。

だから、背骨がゆるゆるに波動運動を起こしたときに、脚も腕もムチのようにしなって、いい形と流れで連動していくのですが、その「ゆるみきった身体」を支えているのが、先ほども書いた「センター（軸）」なのです。

センターはプレー以外の場面でも活きる

ここまでは、身体とその動きだけに絞って話をしてきましたが、実はゆるんでセンター（軸）が通っていることは、その選手の意識、すなわち心のありようにも深く関わってきます。たとえば大谷です。

メジャーリーグは熾烈（しれつ）な戦いの場で、選手はアメリカのみならず、世界中からの注目を一身に浴びながら、一球一球、あるいは一打一打プレーを重ねています。そのような場においては、表情が硬く、険しくなっても何ら不思議ではありません。

ところが大谷の表情はといえば、球場の真っただなかで、ピッチングやバッティングの直前にさえニコニコしていて、緊張どころか気合すら入っていないような表情をしています。わかりやすくいえば、赤ちゃんが笑っているような表情です。それもグラウンドのなかで一瞬見せたというのではなく、〝常に〟というくらい見せています。

プレー以外での彼の行動も、話題になりました。たとえば、グラウンド上で小さなゴミを見つけては拾うという行為がそうです。大谷の場合は、ベンチに落ちているゴミだけでなく、出塁したとき、その塁のあたりに落ちているゴミを拾ったりもしていました。

発言も話題になりました。記憶に新しいのは、2023年の第5回ワールド・ベースボール・クラシック（WBC）での〝声出し〟でしょう。アメリカチームとの決勝の直前、侍ジャパンが円陣を組んだところで大谷が、相手チームのスター選手の名を挙げたうえで、

「あこがれてしまっては超えられないので。僕らは今日、超えるために、トップになるために来たので」

などと呼びかけ、名言と話題になりました。

ゴミ拾いも声出しも、言動だけを切り取ると、よくある「ちょっといい話」に見えてしまいますが、それが世界的な水準の試合の真っただなかで出てきたものであることを忘れてはいけません。

とくにWBCの決勝は、一流の選手でも怖いほどに気合が入り、あるいは他人を寄せつけないほどに緊張して心身が固まってしまってもおかしくない場です。**そんな場で、試合だけに意識を奪われることなく、仲間の心情を慮(おもんぱか)ったうえで深い知恵にあふれる言動が自然に出てくるのは、ゆるんでセンターが通っていて、精神が自由闊達(かったつ)だからできることなのです。**

そのような「ゆる」さは、かつてのウサイン・ボルトの言動のなかにも見出(みいだ)すことができます。別の著書で「ウサイン・ボルトの『おふざけ』*」という、いささか挑発的な小見出しとともに論じたことがありますが、彼はスタート前、あるいはゴール後におどけたしぐさをしてみたり、大会のマスコット・キャラクターと一緒にポーズをきめてみたりすることがありました。

オリンピックという激烈なプレッシャーのもと、それでもボルトは身体のみならず精神までもが、一見〝ふざけている〟ようにしか見えないレベルまで「ゆる」んでいたと言えるのです。

イチローがトレーニングを否定した理由

このように、「ゆる」むことは単なる身体現象ではなく、その人の精神性にまで深く関

＊詳細は『ヒトは地上最速の動物だった　高岡英夫の「神速」走行理論』（講談社）の第七章を参照

わることなのですが、ゆるみ方には選手ごとに違いがあります。

たとえば、大谷は主としてその天性によって「ゆる」むことができているように感じられます。理性を司（つかさど）ることから「人間脳」とも呼ばれる大脳前頭連合野で「ゆる」ませようとして意図的にゆるんでいるのではなく、もっと深部にある大脳基底核と古小脳の相互の作用によって、それが可能になっていると私は見ています。

これに対し、イチローは顕在意識のレベルで、固まらず、「ゆる」む努力をしていたと思われます。トレーニングに対する彼の発言からも、その姿勢がうかがえます。

イチローは、目立って身体の大きい選手ではありません。とくにメジャーリーグのなかでは圧倒的に体格が小さく、そのぶん筋量も少ない選手でした。筋量の多い選手と比べれば、筋力ではかなわなかったでしょう。にもかかわらず、ほかを圧倒するようなプレーを多方面で見せていました。

イチローは選球眼もフィールディングも盗塁も、圧倒的に優れています。その打球のスピードは、当時のメジャーリーグのなかでも一、二を争うと言われました。

外野からの送球スピードもメジャーリーグで随一と言われ、「レーザービーム」が代名詞となったほどです。彼が放つものすごいバックスピンのかかった外野返球は、まっすぐに糸を引くような美しい軌道だったことから、当時シアトル・マリナーズの監督だったルー・ピネラは「（送球の軌道で）洗濯物をいっぱい干せそうだ」と言ったそうですが、それほどまでに速い球速だったのです。

プロの野球選手ですから、毎日の運動量は相当なものだったはずですが、イチローはトレーニングで筋量を増やして身体を大きくすることを意識的に避けていました。あるインタビュー*では「トレーニングで身体を大きくするのが、けっこう流行っていますよね」と、インタビュアーに聞かれて、

「いやいや！　ぜんぜんダメでしょ、そんな！」

と言下に否定しています。人間には生まれ持った身体のバランスというものがあり、それを無視して筋肉だけを太くすると、太くならない関節や腱が重さに耐えられず壊れてしまう、というのがイチローの見解でした。そして、さらに続けて、

「ぼくも［トレーニングを］けっこうやりましたからね。やって身体が大きくなると、嬉しくなるじゃないですか、バカだから（笑）。『ああ、いいなぁ、俺も身体が大きくなった』ってなるんですよ、春先。［そんなふうに嬉しく］なりがちなんですけど、スイングスピードが落ちるんです。まわらなくなっちゃうから、［肩や胸のあたりを指して］このへんが」

だから春先はいつも動けないが、シーズンインしてトレーニングができなくなり、痩せてきて「無駄なところが省かれてくるから」スイングスピードが上がってくる、と本人が言っていました（引用の［　］内は著者による補足）。

このインタビューや、その他の発言から読み取れるイチローのトレーニング（明らかに

＊2016年３月にテレビ朝日「報道ステーション」で放送された稲葉篤紀とのインタビューより。ネット上に関連する多くの記事、動画がアップされている

筋トレを指しています）への批判的な姿勢が話題を呼び、**「イチローのトレーニング不要論」**がまことしやかにささやかれたりもしたようです。

しかし、イチローが否定していたのは、身体を大きくする、すなわち筋量を増やして身体をボリュームアップするためだけのトレーニング（それこそがラフ筋トレです）だったのは明白でしょう。肩や胸が「まわらなくなっちゃう」のは、まさにそうしたラフな筋トレが、現実の試合で使われる筋肉・骨と脳との高度な統合性を失わせ、心身を硬くさせてしまう「マイナスの作用」を及ぼしたからに違いありません。

イチローは、どんなボールにも戦略的に対応できる的確な認知能力と、グローブやバットを巧みにコントロールしてスーパープレーを見せるだけの身体能力を備えた選手です。しかし、従来のラフな筋トレはマイナスに作用し、磨き抜かれた高度な能力を低下させてしまう――、そう実感していたが故に、トレーニング（つまりはラフ筋トレ）を否定するような発言をしたのではないでしょうか。

「一般人には縁のない話」ではない

ここまで、そのパフォーマンスの実態から見て、レフな運動、行動、生き方を実践し、能力を遺憾なく開花させたアスリートたちを分析してきました。世界が超一流と認めるア

スリートを例にとりあげたことで、

「レベルが違い過ぎて、かえって目標にならない」

「自分には縁のない話」

と感じた読者も多いことでしょうが、はたして本当にそうでしょうか。

たとえば、学生やビジネスパーソンなどの一般人に、超一流アスリートが有しているほどの筋力は当然必要ありません。ですが、イチローや大谷などの超一流が見せる「ゆるみ、冷静さ、集中力」それでいて「礼儀正しく凛（りん）とした態度」といった精神性はどうでしょう。「人間力」とも言い換えられるそれら精神性こそ、万人が望むものであり、誰にとっても有益で必要なものではないでしょうか？

レフな筋トレによる鍛錬の、誰もが知っていてきわめてわかりやすい象徴的な到達例として、私はイチロー、大谷、ボルトらをとりあげたわけですが、そのような具体的な理想像が現に存在するならば、どうせ筋トレをやるなら脳と筋肉の高度な統合に基づいたレフ筋トレを行ったほうが望ましいのは明らかでしょう。

すでに書いたことですが、人は筋肉を使い、筋活動を行って生きる存在であり、その点ではトップ・オブ・トップの選手も私たちも何ら変わりません。私たちの祖先もそうでした。視野を広げ、時間を大きくさかのぼってみましょう。そうすると、アスリートだけでなく、私たちにも人としての潜在力が備わっていることがよく理解できるはずです。

祖先の生活に思いを馳せてみよう

実は私たちの祖先は、はるか昔からそれとは知らずレフ筋トレを行い、生きていくのに必要となる筋量と筋力、そして脳と身体の最高度の統合性を保っていました。厳しい環境のなか生き延びて、子孫を残すためです。

人類が今日的な意味においてのヒトの段階に到達したのは、いまから10万年前のことだと考えられています。その時代の人類は、解剖学的な構造と機能でいえば、すでに今日の私たちが持つ脳・身体と同じ水準にまで発達していました。

すなわち遺伝的には私たちとまったく同じ存在だったそうですが、この説が正しいとすると、「当時の人類がどんな筋活動を行い、どんな生き方をしていたのか」は、本書にとって非常に重要なテーマとなります。

10万年前の人類は、現代とはまったく異なる厳しい野生の環境におかれていました。高度なテクノロジーは持ち合わせておらず、脳と身体だけを使って生き抜いてきたのです。心身が持つ能力を最大限に引き出せていなければ、サバイバルは不可能だったでしょう。

であれば、当時の人類の生き方について思索をめぐらすことで、人の能力を最高度に開発し、発揮させるヒントが見えてくるかもしれません。だからこそ、あえてここで想像してみるわけです。

では、10万年前の人類は、どんな生活を営み、その過程でどのような筋活動を行っていたと考えられるでしょうか。

生活のおもな基盤は、狩猟や採集だったはずです。獲物となる動物を追い、ときには格闘して捕まえていたはずです。罠猟（わなりょう）が行われていたかもしれませんが、十分な獲物を確保するためには、自ら積極的に動き回って獲物を探さざるを得なかったでしょう。

動物が残した痕跡をたどって何日も追い続けたり、すぐそばまで素早く接近したり、獲物が手負いのまま逃げたら、根気よく追っていき、弱って動けなくなったところで捕まえる……といった活動も行われていたはずです。

採集はどうだったでしょうか。住まいがあったとして、その近くで得られる植物だけで生活を維持できたかもしれません。しかし、不作の年には山、谷、荒れ地などを越えて長距離を渡り歩き、得られたものを持ち帰って食いつなぐ、といったことも必要だったのではないでしょうか。

言うまでもありませんが、10万年前には自動車も、機械も、生産用ロボットも、パソコンもありませんでした。道具は石器など、いまとは比べようもない簡単なものだったはずで、**私たちの祖先は文字どおり「身一つ」で暮らしていたと考えられるのです。**

受け継がれてきた潜在力

所有しているものが「身一つ」なら、その身体を最高度に使いこなせなければ、生き延びることはできません。したがって、10万年前の人間の脳と身体は、最高の関係性を保つしかなかったはずです。

たとえば、狩りの場面を考えてみましょう。

獲物を仕留めるためには、相手に気づかれないようにどの方向から、どんなルートで向かうべきかを判断せねばなりません。そのためには、多種多様な環境情報（天候、足場の良し悪しなど）を収集して策を練る必要がありました。

岩場など、ともすれば体勢を崩しやすい場所を歩くしかない場合もあったでしょう。そんな場所では、高度なバランス能力を発揮しながら、きわめて巧みでデリケートな身体の使い方が要求されます。足をかけたところが崩れ始めたのを察知し、体勢を保ったまま即座に次の足場に移動する、などといった、細やかで素早い、それでいて筋力を要する動きも求められたはずです。

獲物は生きている動物ですから常に動いています。そのうえ、脅威が迫っていることを察知したら、あっという間に逃げていきます。逃げてしまうだけならまだしも、ときには致命的な反撃に遭う危険もあったでしょう。だから祖先は、自分の身を隠す遮蔽物を探さねばならなかったに違いありません。

現場の変化に臨機応変に対応するためには、標的となる獲物だけでなく、そのまわりの木や岩、自分が登っていくコースや足場、さらには獲物とともにいるほかの個体の動静など、多様な要素に注意を払いながら、同時に全体を俯瞰する視点も持つ必要がありました。

個別要素に的を絞った「焦点視」を行いながら、ダイナミックに全体を見渡す「俯瞰視」も同時に行う――これは昔の武術の世界で「観の目」といわれた視覚認識法です。「部分を見ながら全体も同時に見ていく」、言い換えると、「木を見て森も見る」ような認知能力が駆使されていたのです。

同時に身体のほうは、高度なバランス調整能力を発揮しながら、手の動きや足の置き方、力の出力具合などを、どの方向に・どのくらいの強さで・どのタイミングで行うか、脳が瞬時に最適解を導き出し、それを身体が実際の筋活動へと変換していたことでしょう。このような複雑な認識と筋活動が、絶えず整合的に行われていたのです。

現代人でもレフパワーを身につけられる

以上は個人に焦点を当てた記述でしたが、狩りは一人ではなく、むしろ仲間同士でコミユニケーションを取りながら連携して行われることのほうが多かったでしょう。すなわち、現代のサッカーやバスケットボールでいう「フォーメーションプレー」のようなことも行われていたはずです。

狩りは、ときに死の危険と隣り合わせの、過酷な環境下でなされるものでした。ですから狩りの現場で発揮される能力には、先に登場したアスリートたちのそれをさえはるかに超えるものがたいへんに多かったと推測できます。

10万年前の人類は、レフパワーを磨いて発揮せざるを得ない環境下におかれていました。だから、必然的に彼らの身体はゆるみきってセンター（軸）が通り、脳と筋肉が高度に統合された状態で働いていたと考えられるのです。

残念ながら、現代の情報物質文明社会のなかでは、私たちの祖先が備えていた脳と身体の高度な統合関係は、〝ゼロ〟に近い状態にまで失われてしまいました。

しかし、私たちが受け継いだのが10万年前の祖先とまったく同じ遺伝子である以上、脳－身体の関係性を取り戻し、レフパワーを身につけることは決して不可能なことではありません。むしろ、いまこそ取り戻す必然性があると言えます。

そして脳と身体の統合関係を取り戻すべく、科学的に導き出された最も合理的・効率的な方法が「レフ筋トレ」です。次章から、いよいよ従来からのラフ筋トレを「レフ筋トレ」に変貌させるための考え方と方法を紹介していきます。

第4章

筋トレをレフ化する9つの方法

ラフ筋トレをレフなものへと変えていく方法は膨大にあり、かつ、それぞれの方法はほかと重なり合い、あるいは影響する関係にあります。

この章では「レフ化」のメソッドのなかから最も重要なものを9つに絞り、それぞれ詳しく解説します。これらを導入すれば、本書を読む前から筋トレに取り組んでいた読者でも、習慣にしているトレーニング種目を大きく変えることなく、レフ化を目指すことができるでしょう。

ただし、筋トレに対するこれまでの価値観をがらりと転換する勇気と、レフ化に根気よく取り組む努力が必要であることは、よく覚えておいてください。

実際に本気で取り組んでみればわかることですが、レフ化は簡単ではありませんから、今までと同じ量の筋トレはできなくなります。負荷や回数を数割下げざるを得なくなるでしょう。すると、筋トレに熱心な人ほど「つまらない、こんなことでいいのか」という思いに駆られて、投げ出してしまいたくなるものです。

ですが、正しく続けていけば、どこかの時点できっと、自分でも不思議に感じるほど負荷を上げられるようになってきます。そのあたりが、レフ化が40％成功した地点です。

さらに継続していくと、過去の最大負荷をやすやすと越えられるようになりますが、そこまで行けばレフ化は60％成功したと見ていいでしょう。目標を下げることなく、レフ化100％を目指して続けてみてください。

1 積極的脱力

最初に取り上げる「積極的脱力」は、全身をくまなく徹底的に脱力していく方法です。

具体的には、自分を構成しているすべての組織・パーツを、

「ゆるんでいないところがないか」

「少しでも力んでいるところがないか」

と徹底的に点検して、身体の固まっているところを脱力していきます。

これを**「点検脱力」**もしくは**「点検緩解（かんかい）」**といいます。

ここでは「点検脱力」の方法の一つとして**「揺動（ようどう）緩解運動」**をとりあげましょう。

身体の各部分に焦点を当てつつ、全身をゆすり動かしながら詳細にゆるめときほぐします。「モゾモゾ」「クネクネ」などの擬態語を発しながら、それにふさわしい動きで身体をゆすって動かしたり波動運動をかけたりしましょう。

そうすることで、**筋肉や関節、骨格のみならず、内臓や、血管、リンパなどの循環器系にいたるまで、さらには身体組織の細かな部分にいたるまで硬縮を取り去ります。**

このあとに紹介する「2　地芯乗り」「3　センター（軸）」に正しく取り組むためには、脱力できなければいけません。ですから筋トレを始める前に、必ず点検脱力する習慣をつけてください。

そして筋トレをしている最中も、全身を常に「脱力するように」「ゆるむように」と自分自身に言い聞かせながら、点検しながらトレーニングを行うことが肝要です。

揺動緩解運動

手首を揺らしてゆるめる

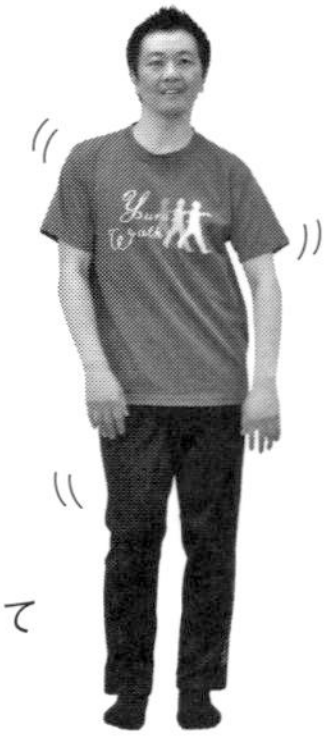

全身を揺らしてゆるめる

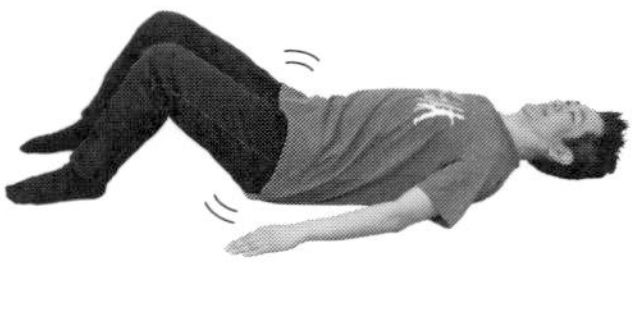

あお向けに寝て、腰をモゾモゾ動かしてゆるめる

2 地芯乗り

「地芯」とは地球の中心のことです。「地球の中心」という言葉はいささか長いので、地球の「地」と中心の「心」を取ってこのような概念をつくりました。果物の芯のように物体の中心部分を表す「芯」のほうが適切だと考え「地芯」としています。

この地芯を利用した方法が**「地芯乗り」**で、すぐ前に紹介した「積極的脱力」と並び、筋トレのレフ化では大前提となる最重要かつ根本的なメソッドです。

2通りのやり方があるので、それぞれ紹介しましょう。

①自分の6000㎞下に地芯を想像する

これは要するに、地芯をイメージすることです。

「まあ、こんな感じだろうな」と気楽に思い浮かべられる人もいるでしょうが、何をどう思い浮かべればいいかわからず、戸惑いを感じる方もいるでしょう。

自分の足元深くに地芯がある、つまり自分の６０００㎞下に地芯があるとイメージするのはおすすめできません。地下に潜るイメージをつくるのは難しく、果てしなく感じてうまくいかない、という場合が多いからです。

むしろ、

「地芯がまずあって、その上空６０００㎞の位置に自分が立っている」

と想像してみましょう。

また、とりわけ初めての人は、無色透明な地芯を想像しようとしがちですが、透明なものはイメージしにくいはずです。

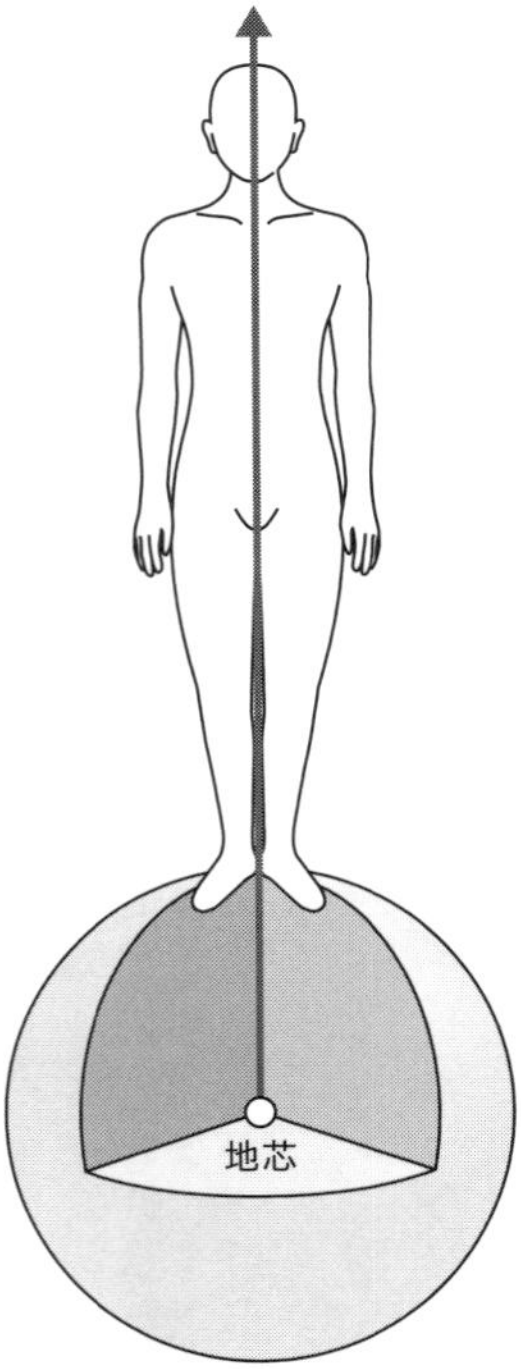

地芯

●人体には地球の中心（地芯）に向かって絶えず重力がかかっているが、この方向に伸びる線を「重力線」と呼ぶ。重力線に沿って身体意識が形成できると、それがセンター（軸）と呼ばれる

●レフ筋トレは、地芯から6000㎞上へと立ち上がる美しいシルバーの軸を身体に通して行わなければならない。そのイメージを絵にすると、ちょうど上のイラストのようになる

さまざまな姿勢で地芯に乗る

腕立て伏せの場合

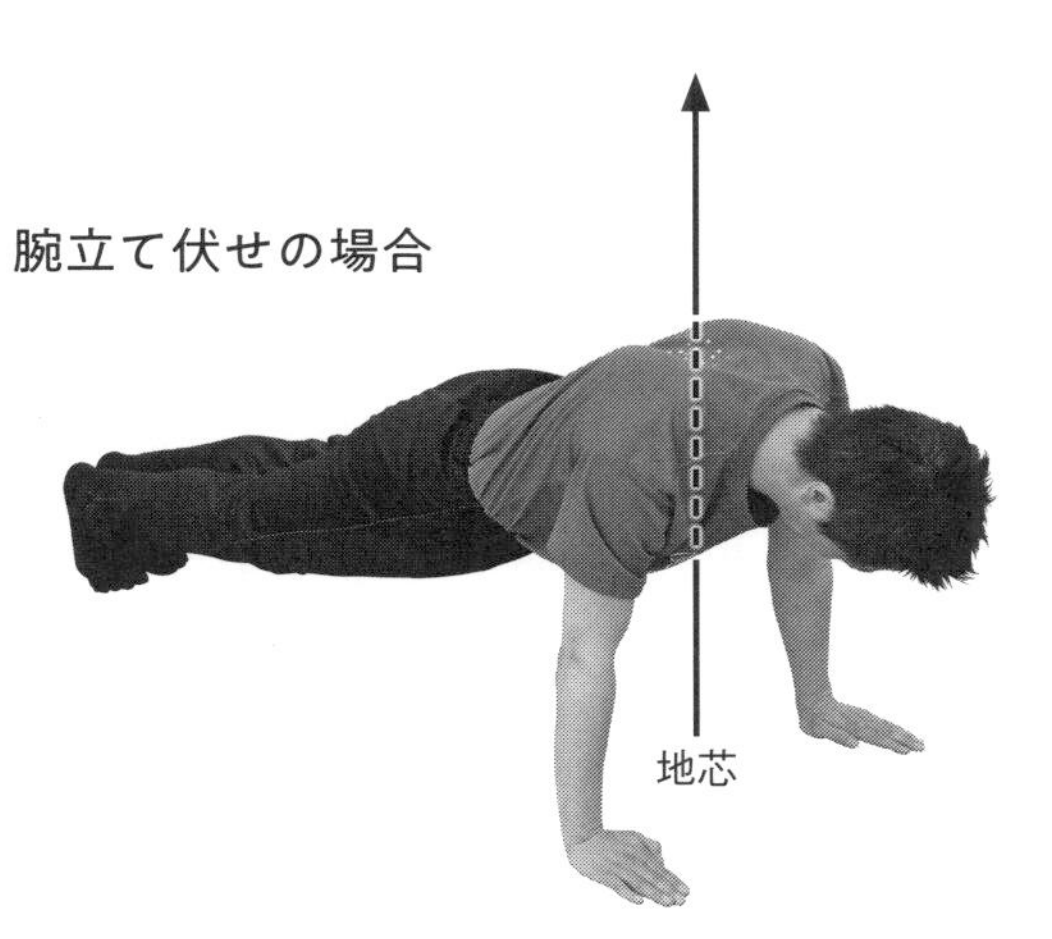

立った状態で

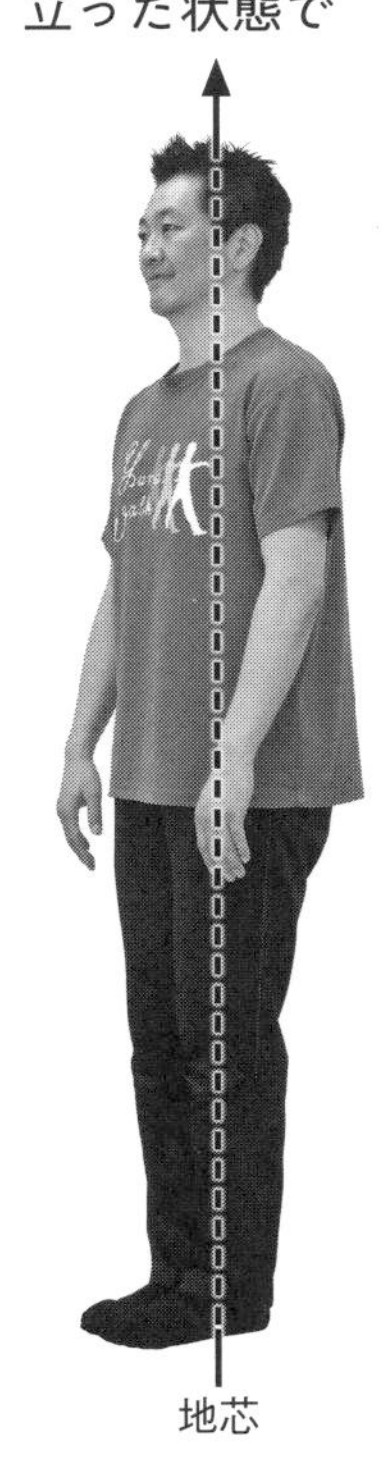

腹筋を行う場合

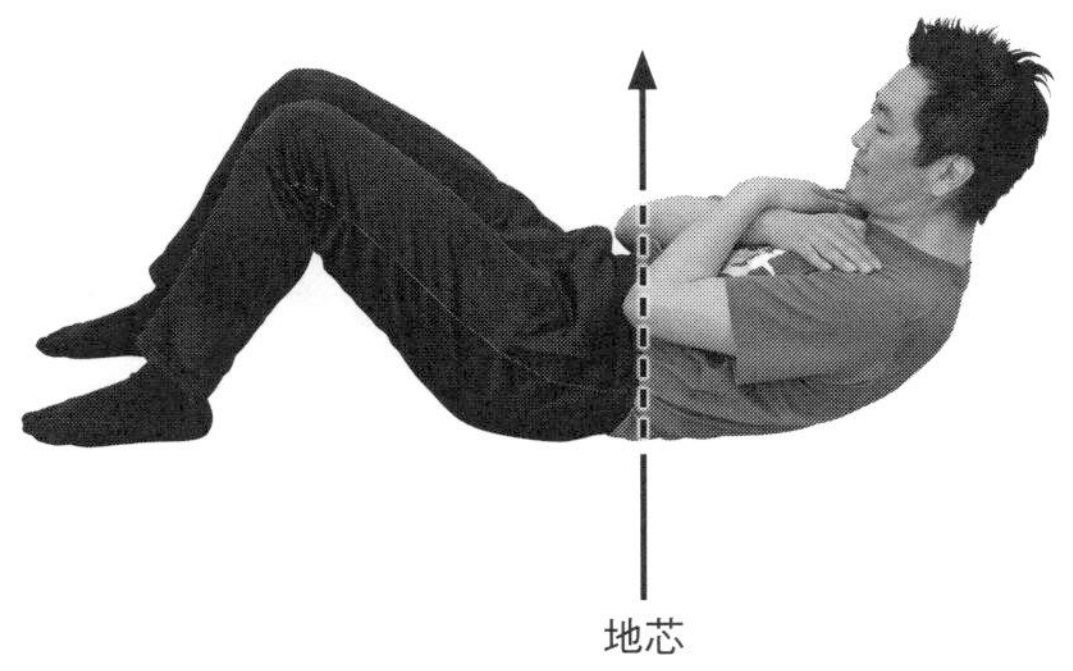

立位の状態で「自分が美しいシルバーの地芯の上空6000㎞に立っている」とイメージできたら、腕立て伏せや腹筋の姿勢でも同様に行う

地芯には必ず色が必要です。心理学的な実験をやった結果、地芯には「美しいシルバー」のイメージがいちばん適切であることがわかりました。

「美しいシルバーの地芯上空６０００㎞の位置に、自分は立っている」

というイメージなら、かなり描きやすいのではないでしょうか。では、あらためて、美しいシルバーの地芯の上空６０００㎞に自分が立っていると思ってください。

もちろん、立位以外での姿勢で行うトレーニングでも、地芯乗りは大切です。

腕立て伏せの場合は、胸の中央あたりの、その真下に地芯があると思って、美しいシルバーの地芯上空６０００㎞に伏せます。

あお向けになって腹筋をやるときには、自分の身体の重心であるヘソから腰の下に地芯を想像し、美しいシルバーの地芯上空６０００㎞であお向けになって腹筋を行います。

以上が「自分の６０００㎞下に地芯を想像する」イメージ法です。

②バランス用具を使い不安定な状況で脱力

力を入れて身体を固めてはいけない

安定性を保つ力をつけるため、身体のバランスをわざと崩すようにつくられた道具が「バランス用具」です。よく知られているものとして「バランスボード」が挙げられます。

そのような用具に乗って、あえて身体の安定が崩れる状態をつくるのが、「地芯乗り」のもう一つの方法で、具体的には、バランスボードに両足で乗ってスクワットをしたり、あるいはバランス用具の上に両手を置いて腕立て伏せをしたりします。

道具を使う場合にも①のイメージ法を併用すると、圧倒的に効果が高まります。

バランス用具に乗ってぐらついているとき、身体に力を入れて固めると少し安定が取り戻せますが、そんなふうに用具の機能を封じてしまっては、かえって筋トレがラフ化してしまいます。

大切なのは、ぐらついた状態のなかでも思いきり脱力していることで、1で紹介した「積極的脱力」のメソッドが大事になってきます。

ここでは、私が開発し、自分でも使い、かつお勧めしている「ゆるゆる棒」を使う方法をとりあげます。

腕立て伏せをする場合は

「ゆるゆる棒」は、長短2本の樫(かし)の棒を十文字に組んで使うバランス用具で、足で上に乗ってもいいし、両手を置いて使うこともできます。

腕立て伏せであれば、両手をゆるゆる棒に乗せ、両膝を床につき、それ以外の身体の箇所は床から浮かせます。

道具を使った地芯乗り

「ゆるゆる棒」（左の写真）の使い方の一例を紹介する。身体を脱力したまま行うよう心がけたい

立って脱力

徹底的に脱力して立つ

スクワット

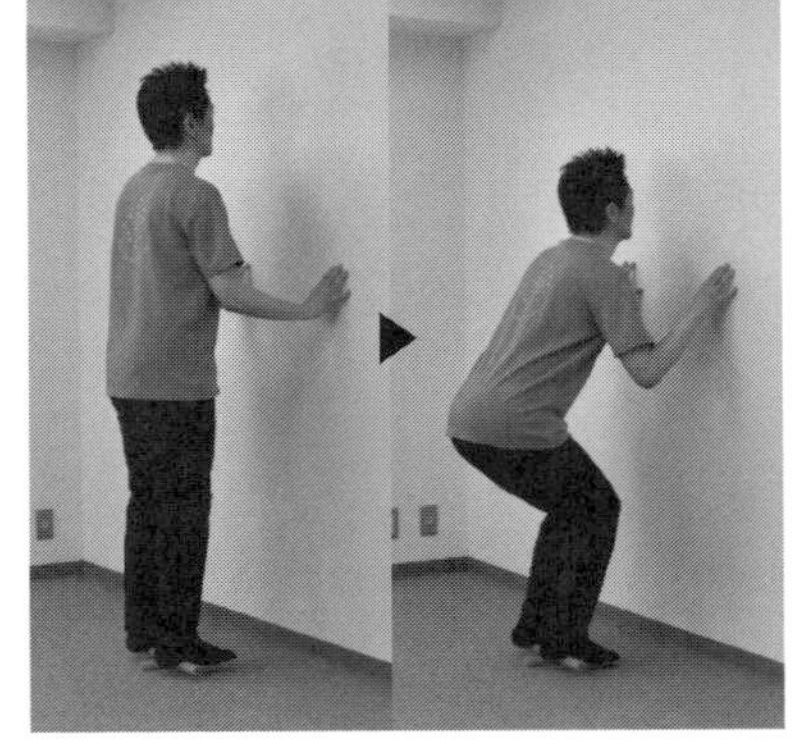

ゆるゆる棒の上に乗る

指先で壁に触れたまま行う

腕立て伏せ

ゆるゆる棒に両手を乗せる

▼

両膝を床につく

▼

腕立て伏せをする

身体を浮かせるため、そして身体の軸をまっすぐ維持するのに必要なだけの、最小限の筋力を使います。それ以外の箇所は徹底脱力してください。とくに肩まわりを脱力します。また、この腕立て伏せ前の姿勢を維持するためには、腹直筋に力を入れる必要がありますが、そのほかのお腹まわりの筋肉は徹底脱力します。

このようにすると、ゆるゆる棒がその本来の機能（バランスを崩すこと）を発揮して、身体が一気にグラグラし始めるでしょうが、それこそが狙いとしていることです。

1の「積極的脱力」でとりあげた「点検脱力」「点検緩解」を行いましょう。

点検緩解を進めていくと、ゆるゆる棒がさらにグラグラし始めるでしょう。そのグラグラ状態のまま、美しいシルバーの地芯に乗って、地芯の６０００km上空でバランスを取る意識で、グラグラに適応していきます。

身体に力を込めてグラグラ状態を封じ込めるのではなく、むしろグラグラ状態を最大限に活かしながらギリギリ自分のバランスを取るようにします。

身体をゆるめて、ギリギリその姿勢・ポジションをとるために必要な筋力だけを使うようにすると、高度な脳活動ができるようになり、その筋トレはレフ化してくるのです。

地芯をイメージする方法は、顕在脳を使って地芯を意識する方法でしたが、バランス用具を上手に利用すると、地芯をイメージする力とかけ合わさることで、脱力の能力を最大化できます。その結果、①か②のどちらかだけでやるより、深く正確に地芯に乗れるようになるのです。

どちらが優れた方法なのか

ここまでをまとめると、「顕在脳を使って地芯をイメージする方法」と「バランス用具を利用することで、潜在脳で地芯に乗る」という2つのやり方があるのですが、必ず覚えてほしいのは、前者のほう（地芯をイメージする）です。

バランス用具に頼っていては、〝道具がないとレフ筋トレができない〟ということになりかねません。また、次章で紹介するJスクワットのような両足を大きく広げるトレーニングやマシントレーニングでは、バランス用具を使うこと自体が難しいはずです。

さらに地芯をイメージすることを重視したい、より重要な理由があります。

「地芯」という概念、「美しいシルバーの地芯上空６０００㎞」というメッセージがまったくない状態で道具に頼ってばかりいると、脳を高度に発達させるチャンスを逃してしまうからです。

バランス用具だけに頼ると、この顕在脳による潜在脳開発の能力が育ってこないのです。顕在脳が潜在脳を教育する、顕在脳と潜在脳が連関・連動しながら能力を高めていくという、この素晴らしい脳活動ができない限り、顕在脳は鍛えられないままとなり、顕在脳と潜在脳の連携能力やそれらをつなぐ機能も発達してこないのです。

3 センター（軸）

身体意識と軸

すでにお伝えしたとおり地芯と自分の重心は、重力線によって一線に結ばれています。

3番目の方法は、この重力線を利用しきることにあります。

この地芯と自分の重心を結んでいる重力線は物理学的なラインであり、これは利用しようがしまいが、誰にでもあるものです。生物ではないブロンズ像にでさえ、ブロンズ像の重心と地球の重心の間には重力線が成立しています。

人間の場合は、この重力線に沿って意識が集まります。もちろん潜在下の意識です。それを利用しきるために潜在意識が働くのです。

身体を媒介にして成立する潜在意識、これを**「身体意識」**といいます。

重力が、地球上にあるすべての存在に作用する普遍的なものである以上、重力線は、人間の能力、健康、運動、行動に影響するきわめて重要なものです。その重力線を利用しきるために生まれた身体意識が「センター（軸）」なのです。

ここで覚えておいていただきたいことは、このセンター（軸）には、根本的なものだけでも2種類あるということです。

まず、まっすぐに自分が立つ、もしくは座ると、自分の重心と地球の重心のお互いが一直線上に立ち上がり、体幹と頭のど真ん中を通って、天のほうに向かって軸が抜けていきます。これを**「垂軸」**といいます。

次に、身体の構造を見ると、直立位や直立座（ちょくりつざ）になったときに背骨が垂直に屹立（きつりつ）しますが、そのときに体幹を支える軸が、背骨のなか、もしくは背骨のすぐそばを通ります。これを**「体軸」**といいます。これら2つの軸はどちらも潜在意識ですが、筋トレをレフ化していくには、どうしてもこれら2つの軸を意識することが必要になってきます。

垂体一致と垂体分化

垂軸と体軸の関係は、その人がとる姿勢によって変化します。108ページの写真をご覧ください。人間が垂直に立っている、あるいは座っている場合には、垂軸と体軸が一致（**垂体一致**）しており、この状態の軸を**「垂体一致軸」**といいます。

立った状態でおじぎをしたり、できる人はレスリングの構えをとってみましょう。

「垂軸」は、相変わらずまっすぐ自分の重心と地球の重心の間を通って屹立しています。

これに対し、体軸は前傾して曲がります。傾いた状態の体軸を**「傾体軸」**、曲がった状態の体軸を**「曲体軸」**といいます。垂軸と体軸は不一致となりますが、この状態が**「垂体分化」**です（なお、直立位に戻れば、軸は垂体一致に戻ります）。

これらの軸についても、想像しやすいように「美しいシルバー」という色がついているとイメージしてください。そのようにイメージすると、心が清明になって落ち着き、動きもしなやかでシャープになります。だからシルバーの軸をイメージしてほしいのです。

では、筋トレをレフ化する**「串刺し法」**を、腕立て伏せを例に紹介しましょう。この方法をより精緻化して筋トレの一種目として確立したのが、第5章で紹介する「センター串刺しフロントプッシュ」（182ページ参照）です。

なお、腕だけで身体を支えて行う通常の腕立て伏せは筋トレ初心者には負荷が強過ぎるので、本書では両腕に加えて両膝をついて行う腕立て伏せを扱うことにします。

トレーニング 「串刺し法」による腕立て伏せ

①出力軸を通す

まず、自分の力を出して伝えるための別の軸（出力軸）を通します。

垂軸と体軸の位置関係は変化する

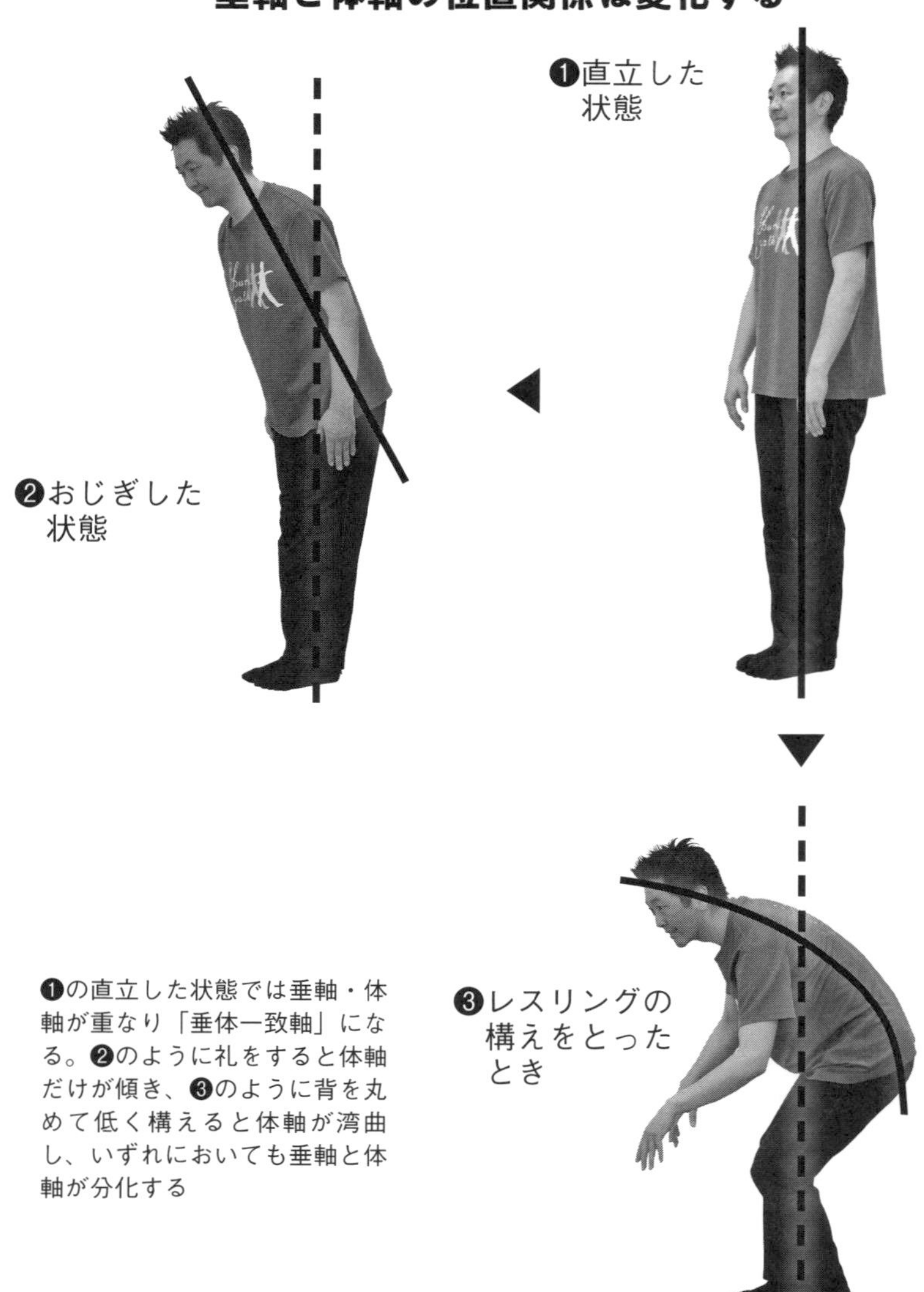

❶の直立した状態では垂軸・体軸が重なり「垂体一致軸」になる。❷のように礼をすると体軸だけが傾き、❸のように背を丸めて低く構えると体軸が湾曲し、いずれにおいても垂軸と体軸が分化する

立った状態で胸骨の中心部分を中指でトントンと、突くように叩いてください。そして、叩いている箇所に軸を通します。軸を通すイメージができたところで身体を傾け、床に両手・両膝をついて腕立て伏せの姿勢をとります。

正確に「美しいシルバーの地芯上空６０００㎞」に伏せて、そこから立ち上がるシルバーの美しい軸が、この胸の中心点、出力中心を通って天まで立ち上がっていきます。これが出力軸です。

②身体を串刺しにしながら下降

上昇するときにも下降するときにも出力軸に沿って串刺ししていきます。まずは下降ですが、自分の身体が下降するときには、出力軸が上のほうに向かって通っていきます。ス

ーッと通っていく、まさにそのときに、「スーッ」と声を出しましょう。

③身体を串刺しにしながら上昇

力を加えて自分の身体が上昇するときには、出力軸がスーッと下のほうに向かって通っていきます。このときも声を出しますが、上昇するときには力を使いますから、「スッスーッ」と声に出しながら2拍子で押し上げてください（そこで吸息します）。

以上のように、「スーッ」（下降）、「スッスーッ」（上昇）と声を出しながら、何度かプッシュアップをくり返します。声が出しにくいという方は、心のなかで「スーッ」とつぶやいてみてください。それだけでイメージが喚起され、気持ちいいと感じるはずです。

④言葉を変える

ここで、口に出す言葉を変えてみましょう。

身体を出力軸で串刺しするので、「く・し・ざ・しー」「く・し・ざ・しー」と声を出しながら上昇・下降をくり返します。

身体を出力軸によって「スーッ」と串刺しされるのだと意識するといいでしょう。息を吸うときには言いづらくなるので、その際は言ったつもりになってください。

「くしざしー」「くしざしー」とくり返していると、本当に串刺しにされているようで、ちょっとイヤな気分になってくるかもしれません。

そこで合間に、「シルバー」という言葉も混ぜます。たとえば、「くしざしー」「くしざしー」と2回、あるいは4回言ったら、今度は「シルバー」「シルバー」と同じ回数言う、といった感じでいいでしょう。

この「シルバー」とは、もちろん美しいシルバーです。美しいシルバーの軸が、自分の意識コントロールによってスーッと通ると筋トレがスッキリ洗練され、レフ化されます。

うまくレフ化できてくると、腕立て伏せの最中も、そのあとも、「心がスーッと快適になった」「清明に集中できる」「非常に動きが楽になった」「力がブレず、歪(ゆが)まずにきれいに通った」などの変化が感じられます。

出力軸を通したのはなぜか

垂軸と体軸は、人間の根本ともいえる軸です。

たとえばスクワットのように直立姿勢で行われる筋トレは、垂体一致に近いかたちで行いますが、垂軸、体軸をきちんとつくり上げ、それができたら次(出力軸)に応用することもできるということを理解していただくために、ここでは腕立て伏せをとりあげました。

腕立て伏せでは、自分の体重の何割かは脚で支えているのですが、筋出力するのにメインとなる腕で自分の体重を支えながら、最も洗練されたやり方で上昇下降をするには、胸のなかに軸を通す必要があるのです。これが「出力軸」です。

腕立て伏せというと、両膝を床から離して腕だけでプッシュアップする運動をイメージする人が多いと思いますが、負荷が強過ぎると出力軸に意識を向けるのが難しくなるので、前述のように本書では両膝を床についた腕立て伏せを扱っています（出力軸を立ててレフ筋トレとしてやすやすと行えるようになれば、両膝を浮かせてもまったく問題ありません）。

以上のように、重力線によってできる軸を活かしきるのが「串刺し法」で、バーベルを使ったベンチプレスや、スクワットなどのような身体を上下動させる運動でも非常に役に立ちます。

筋トレは、種目により、また方法により、とる姿勢が変わります。姿勢によっては、どこに出力軸を通したらいいのか迷うこともあると思いますが、気軽に試してみてください。「このへんかな」と思ったら、そこを中指でトントンと叩き、「こんな感じだろうな」くらいの気持ちで身体を動かして、出力軸が的確に、スーッといい感じで通る位置、角度、ラインを見つけていくといいでしょう。結果、筋トレが快適になってくれれば、それは脳、心、身体すべてが高能力化している証（あかし）といえます。

4 正確無比な身体使い

①骨格のフォームと筋肉使い

「正確無比な身体使い」は、**「①骨格のフォームと筋肉使い」**と**「②格定（歪み・ブレ・ぐらつきなし）」**の2つからなります。

まず①は、筋肉、関節、骨格の使うべきところを正確に使おう、ということです。

第2章で、ハムストリングスを集中的に鍛えた結果、かえってアスリートのパフォーマンスが落ちてしまった出来事についてとりあげました。

あの失敗は、「走る」という運動で、ハムストリングスがほかの筋肉、関節、骨格と関わりながらどう働けばよいか、コーチ、トレーナーや選手が理解できていなかったから起こったことです。

もっとも、最近は理解が進んでいるようです。たとえばいまのサッカー日本代表の選手たちは、その身のこなしを見ても、ハムストリングスと大臀筋（だいでんきん）を連動させて股関節まわりで使うことが大事だということをわかっているように思われます。

②格定（歪み・ブレ・ぐらつきなし）

「格定」とは、筋肉と骨格を使って身体を固定することです。固定というと、ゆるめ、ときほぐすことと矛盾するように思えるでしょう。しかし、そうではありません。

動き始めてから動き終わるまで、身体がぐらついたりせず、わずかな歪みすら生じず、最高のパフォーマンスが発揮できる状態や角度に筋肉、関節、骨格などをピタッと決めることを「格定」というのです。

すなわち、身体をゆるめときほぐしつつ、点検脱力をきちんとやったうえで、なおかつ動く角度や動いたあとの位置などは一切ブレさせず、キッチリ固めるという非常に高度な使い方なのです。きちんとした目的性をもって固める、それが「格定」です。

たとえば、スクワットでは開脚しますが、それぞれの脚の位置関係や、背骨の、とくに仙骨から腰椎（ようつい）にかけての非常に重要な脊椎部分の角度関係を決める、つまり格定するわけです。歪み、ブレ、ぐらつきのこの3つを絶対に起こさないようにするためには、格定する必要があるのです。

なぜ正確無比な身体使いが大切か

いい加減な動作から、最高のパフォーマンスが生まれることはありません。

最高のパフォーマンスをするためには、身体の潜在力を十分に活かしきる使い方をしなければいけないのです。身体を正確に使うことで、はじめて脳の高能力化も期待できるのです。

また、歪み・ブレ・ぐらつきが生じる動きは、身体にダメージを与えます。たとえばブリッジを見てみましょう。

ブリッジは背筋を鍛えるための筋トレです。ブリッジをする人はたいてい、腰背部の筋力で腰椎（腰の骨）を反らしながら体幹を上げようとしますが、このような動きをすると、腰椎まわりに強い圧力が加わります。

さらにこの状態でブリッジを続けると、大腿四頭筋（だいたいしとうきん）の収縮反射によって膝が伸び気味になり、腰椎まわりへの圧力はより強くなっていきます。この圧力が、椎間板ヘルニアなど、腰部のケガや障害のもととなるのです。

いうまでもありませんが、身体を傷害しかねない筋トレは「ラフ筋トレ」です。筋トレのレフ化のためには、正確無比な身体使いが欠かせないのです。

どれほどの正確性が求められているかをわかっていただくため、例として「仙骨リード（主導）ブリッジ」をとりあげましょう。

トレーニング　仙骨リードブリッジ

仙骨リードブリッジでは、まず「基盤トレーニング」を行い、そのあとブリッジへと入っていきます。基盤トレーニングから紹介します。

まずあお向けになり、両膝を90度に立ててください。次に、尾骨から仙骨を徐々に上げていきます。といっても、ただ何となく持ち上げては意味がありません。詳しく説明すると、次のようになります。必ず美しいシルバーの地芯に乗って行いましょう。

①基盤トレーニングの手順とポイント

腰椎を持ち上げるときは、まず尾骨を床からはがすように、「べリ」「べリ」と言いながら上げます。

次に尾骨から少し遅らせて仙骨を、「べリ」「べリ」と言いながら下端から上げます。

ゆっくりと仙骨の上端まで上げたら、今度は腰椎5番、4番、3番、2番、1番の順で、「べリ」「べリ」と言いながら、ゆっくり一つずつ持ち上げていってください。

あお向けになった自分の身体を横から見たときに、仙骨の上端が身体後方へ、下端が前方へと向かうように意識しながら、床についていた仙骨から腰椎を一つずつはがすつもりで、「べリ」「べリ」「べリ」と声に出して言いましょう。

このとき大切なのは、立てている両膝の関節の角度を、90度のまま格定する（固めて動かさない）ことです。

②腰背部が反るとラフ筋トレになる

腰椎を上げていくときに、腰椎5番・4番が、尾骨・仙骨よりも高く上がらないようにしてください。必ず尾骨・仙骨の下端が最も高い位置になるようにします。これを**「頂点化」**と呼んでいますが、頂点は尾骨、および仙骨の下端でなくてはなりません。

腰部の骨格（背面から見たところ）

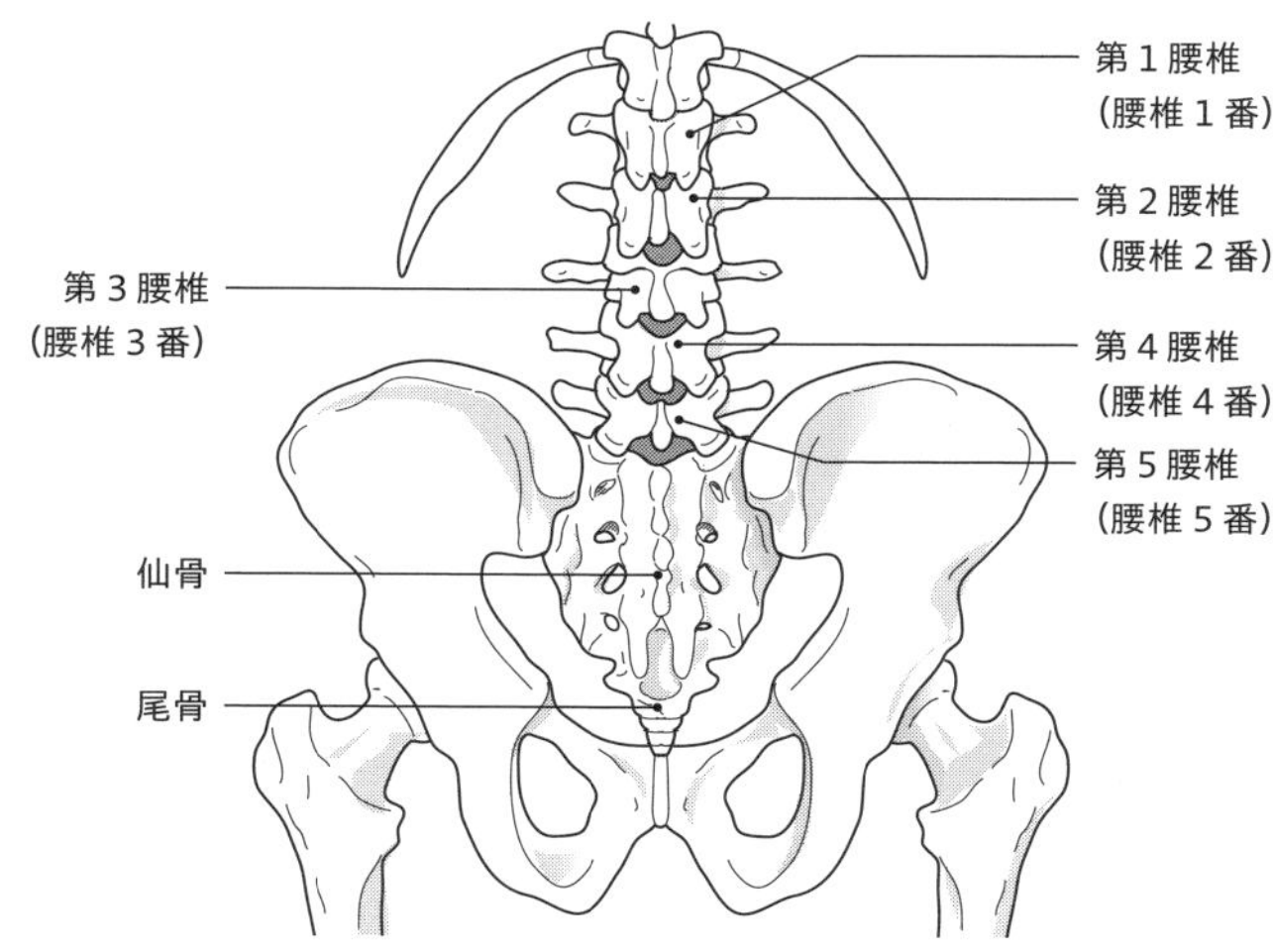

腰椎や胸椎のほうが上になるということは、腰背部が反っているということで、ブリッジがラフ筋トレになっている証です。そのまま続けると、ハムストリングスと大臀筋が股関節まわりで働くことで生まれる前進力が十分に使えなくなってしまい、立つ、歩く、走るといったパフォーマンスに悪影響が出てきます。

立位での歩きと走りは、スポーツの根本運動であり、スポーツをやっていない一般の人にとっても最も重要な身体運動なので、頂点化を必ず守って行うようにしてください。

一方、正しいやり方で取り組むと、股関節裏側（大臀筋の下半分とハムストリングスの上半分の部分）に、強烈な筋収縮が生まれます。この部分は、人間の身体運動において特別に重要な部分なので、私は**「裏転子（うらてんし）」**と命

転子と裏転子

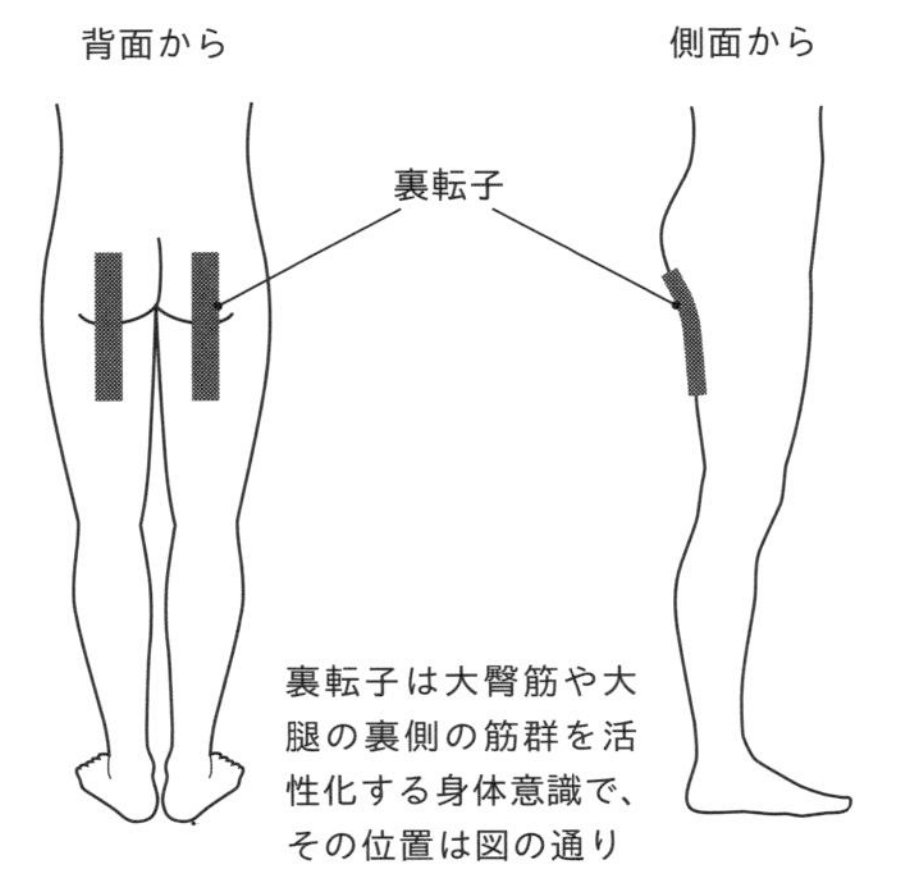

裏転子は大臀筋や大腿の裏側の筋群を活性化する身体意識で、その位置は図の通り

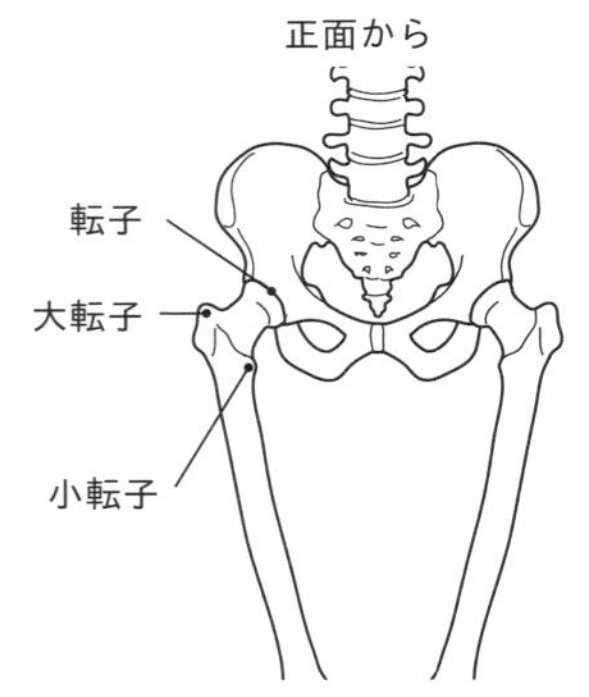

転子は股関節に形成される身体意識で、骨格との関係で見ると大体図の位置にある

名しました。そもそも**「転子（てんし）」**というのは、股関節中心のことです。その転子の真裏にあり、人間が立位での前進力を発揮するために決定的に重要な駆動筋力が集中する部分です。

ここまでが基盤トレーニングです。では、いよいよ仙骨リードブリッジに入ります。美しいシルバーの地芯６０００km上空で行いましょう。

③仙骨下端を床に押しつけ仙骨に前方回転をかける

一度上げた尾骨、仙骨、腰椎をゆっくりと床に下ろし、元の姿勢に戻ります。

次に、仙骨リードブリッジに入ります。先ほどの基盤トレーニングとは反対に、まず尾骨から仙骨下端を床に押しつけて支点をつくり、仙骨下端から上端にかけて仙骨をゆっくり前方回転させます。次にその状態をキープしたまま裏転子力（裏転子系筋の収縮力のこと）で仙骨下端を床から１cm浮かせます。

④腰椎５番を１cm浮かせる

これに成功したら、続いて仙骨前方回転を深めるように、裏転子力で腰椎５番を現状よりさらに１cm床から浮かせます。

⑤次の腰椎を1㎝浮かせて続ける

これができたら、続いて仙骨前方回転を深めるように、裏転子力で現状よりさらに腰椎4番を床から1㎝浮かせます。続いて以下まったく同じように3番、2番、1番と順番に一つずつ上げていき、それから先の胸椎は行わずにそこで必ず終了にします。膝関節（しつかんせつ）の角度は常に直角を保ちましょう。

仙骨リードブリッジ

まず仙骨を床に押しつけて矢印のような回転（前方回転）をかける

▼

裏転子力で仙骨上端を床から1㎝浮かせる

▼

腰椎5番を床からさらに1㎝浮かせる

▼

腰椎4番を床からさらに1㎝浮かせる

▼

腰椎3番を床からさらに1㎝浮かせる

▼

腰椎2番を床からさらに1㎝浮かせる

▼

腰椎1番を床からさらに1㎝浮かせたら終わり

「ここまで細かく背骨を1個ずつコントロールしていかないといけないの?」と、読んでみてうんざりした読者がいるかもしれません。

しかし、脳をレフ化する——すなわち、脳がより洗練されたかたちで働くようにする——ためには、このような手順を踏む必要があります。

膝関節の角度は90度を守らなくてはいけません。それよりも狭くても広くてもダメです。なんとなくやっていると、90度が100度になり、120度になり、130度になり……と、どんどん鈍角になりやすいのですが、それでは裏転子が使われなくなり、ラフ筋トレになってしまうので、必ず90度を維持しましょう。

また、仙骨を突き通す矢印のような線をイメージして行うことも大切です。このように仙骨中心のイメージをもって行うブリッジなので、「仙骨リード」と呼んでいます(ここでのリードは「主導」の意味です。仙骨リードについては、次章でより詳しく説明します)。

擦(さす)って正確無比へと導く

正確無比な身体使いを目指すうえで、最も手軽な方法は**「擦る」**ことです。主働筋を擦ることで筋肉を脱力させ、ゆるませるとともに、自分の心身に「ここが主働筋である」と教え込むわけです。

たとえば、歩いたり走ったりする場合の主働筋はハムストリングスと大臀筋の裏転子部分です。それらの筋肉を正確に使うためには、まず「気持ちよく、気持ちよく」と言いながら裏転子を擦って、よくゆるませてやりましょう。

さらに、手のひらでバシバシ叩いてみてください。「ここだよ、ここだよ」「頼むよ、頼むよ」と言いながら、お願いする気持ちで叩いてください。これによって緩解脱力が進み、主働筋の力みがとれていきます。

「力み」という言葉が出てきましたが、このあと登場する「力みカット」にも通じるところがあるので、参照してください。

声を出しながら筋肉を擦り、叩く

5 3つの抵抗勢力の排除

筋肉はやわらかくなくてはいけない

世界のトップ・オブ・トップの選手たち、オリンピックで金メダルを取るような選手たちの筋肉は、マシュマロのように、あるいはつきたてのモチのようにやわらかいことをご存知でしょうか。

私自身、何人も触って確かめたことがありますし、選手の指導にあたるコーチやトレーナーからも、そのやわらかさについて聞かされたことがあるので、これは確かな事実です。

優れた収縮力を発揮するためには、主働筋はそのくらいやわらかい状態でなければいけません。

運動が始まる前の、力を抜いた状態では、主働筋はきれいに脱力し、ゆるみきり、ときほぐれている必要があります。それはなぜでしょうか？

筋肉は脳からの電気信号を受けて収縮します。電気信号が届いたところで、主働筋が最高のタイミングと速度で、最適な力を発揮しながら収縮すれば、パフォーマンスは最高になるはずです。

ところが、ほとんどの人は、主働筋が用もないのに何%か筋収縮し、無駄に力んでいる状態です。だから、脳から電気信号を受けても、その時点で100%の筋収縮はできない(つまり、筋肉としての機能を十分には果たせない)状態にあるわけです。この無駄に力んだ状態から完全に逃れられているのは、世界のトップ・オブ・トップのアスリートのなかのごく一部だけです。

対象になるのは3つ

身体の「力み」をなくす大切さを理解していただけたところで本題に入ります。見出しに掲げた「抵抗勢力の排除」とは、要するに筋肉の「力み」を取り除く、ということです。

具体的な話に入る前に、「主働筋」「拮抗筋(きっこうきん)」「ブレーキ筋」について説明しておきます。

たとえば鉄アレイを握り、肘を曲げて肩のほうへ引き寄せてから、また肘を伸ばす、という動作を思い浮かべてみてください。

肘を曲げるときは〝力こぶ〟をつくる上腕二頭筋が主力となります。このように、動きのなかで中心的な役割を果たす筋肉を「主働筋」といいます。

この主働筋の逆の働きをするのが「拮抗筋」です。鉄アレイを引き寄せたあと、今度は肘を伸ばしながら、鉄アレイを背中の後方まで高く持ち上げるとしましょう。このときは、ちょうど〝力こぶ〟の裏側にある上腕三頭筋が収縮して力を発揮しますが、これが上腕二頭筋の拮抗筋となります。

そして主働筋、拮抗筋以外の、身体の正しく合理的な動きの妨げになるすべての筋肉、すなわち動きの各方面ごとに無駄なブレーキとして働く筋肉を**「ブレーキ筋」**と呼んでいます。

「妨げ」と表現すると、まるで悪者のようですが、運動においてはもちろん、ブレーキも必要です。

たとえば、サッカーやバスケットボールの試合を考えてみましょう。走っている選手が、相手の動きを見て瞬時に停止することがあるはずです。筋肉でブレーキをかけているから停止するわけですが、これは明確な目的があり、必要だから停止する「目的的ブレーキ」です（目的にしたがって身体を固定する「格定」とよく似ています）。

目的的ブレーキに対し、ここで言う「ブレーキ」とは、目的に反するブレーキを指しています。すなわち、目的達成に向かう身体を邪魔するようなブレーキ機能、そんな働きをしてしまう筋肉を「ブレーキ筋」と呼ぶわけです。

「主働筋」「拮抗筋」「ブレーキ筋」の力み（ブレーキ成分＝抵抗勢力）を排除するには、地芯乗りやセンター（軸）を通すことが欠かせません。

すなわち、本章で紹介している筋トレをレフ化するメソッドの1～4ができていなければ、以下に説明する「力みカット」はできないのですが、そのことを念頭に置いて、以下続けます。

両足で前進する動きを例にとると

人間にとって最も基本的な運動は「歩く」ことです。歩くから、私たちは社会生活を営めます。スポーツにおいても、駆け足で前進したり、全力疾走したり、前方へ跳んだり、といった動きは、すべて「歩く」が基盤にあるからこそできる動きです。本節ではこの「歩く」という動きをとりあげて、「力みカット」について説明しましょう。

歩きで前進するときは脚を一歩一歩前へ送り出すわけですが、その送り出しにおいて主要な役割を果たす筋肉（主働筋）は、インナーマッスルの代表格ともいえる腸腰筋です（腸腰筋は、大腰筋と腸骨筋を合わせた筋肉の総称のこと）。

股関節を挟んで腸腰筋の反対側にあるのが、大臀筋とハムストリングスです。歩くときは、これらが腸腰筋の拮抗筋になっています。

腸腰筋が収縮して足が前に出たとします。すると今度は、大臀筋とハムストリングスが収縮して体幹が前へと押し出され、同時に前に出ていた足は後ろへ蹴り出されます。体幹が前へ押し出される瞬間には、大臀筋とハムストリングスが主力（主働筋）になり、腸腰筋は拮抗筋として働いているのです。

一歩進んだら、今度はまた、腸腰筋で反対の脚を前へ運ぶことになります。すると再び大臀筋とハムストリングスが拮抗筋として働きます。

このように、股関節を挟んで前に腸腰筋、後ろに裏転子系筋肉の大臀筋とハムストリングスがあり、

・足を前に出すときは腸腰筋が「主働筋」、大臀筋とハムストリングスが「拮抗筋」になる
・前に出た足を後ろへ蹴り出すときは、腸腰筋が「拮抗筋」、大臀筋とハムストリングスが「主働筋」になる

といった具合に、動作のなかで筋群が交互に役割を変えながら働くことで「歩く」という動作が成立しています。動きの各局面において主働筋と拮抗筋が入れ替わるわけです。

この主働筋と拮抗筋が動きを司る〝主役〟だとすると、主役を邪魔するように働いてしまう筋肉もあります。それが「ブレーキ筋」です。

ここまで説明したプロセスを頭に置きつつ、３つの「力みカット」を見てみましょう。

力みカット1　主働筋の力みを取り除く

主働筋は、運動の種類により、また、運動のどの場面にフォーカスするかにより変わりますが、ここでは歩行で根本的に重要な「前方へ進む力」をつくりだす駆動筋――すなわち、ハムストリングスと大臀筋――を主働筋として考えます。

「力みカット1」は主働筋自体の力みをカットすることです。歩行動作においては、前へ向かうための前進力を発揮している筋肉、つまり裏転子系の筋肉を擦って「力み」をとることが「力みカット1」になります。実は主働筋にも気づかないレベルで抵抗勢力が含まれているので、これは必ず行わなければいけません。

主働筋を擦るのが「力みカット1」

力みカット2　拮抗筋とブレーキ筋の力みを取り除く

「力みカット2」は、本来の正しく働いている拮抗筋ではなく、無駄に力むことでブレーキになってしまっている拮抗筋も含めて、主働筋が直接動かしている関節の動きを妨げるブレーキ筋の力みをとる方法です。

裏転子系の筋肉が主働筋として働くときには、腸腰筋が拮抗筋となって「力みカット2」の対象になります（逆に、腸腰筋が主働筋になっているときには、裏転子系の筋肉が拮抗筋となり「力みカット2」の対象です）。

筋肉は、必ず関節をまたいで人体に備わっています。主働筋と拮抗筋は、同じ関節をまたいでいるから拮抗関係になるわけです。こうした筋肉のほかにも、関節を取り巻くように多くの筋肉がついている場合があります。股関節まわりや肩関節まわりがその典型です。この主働筋と拮抗筋がまたいでいる関節（または筋肉に取り巻かれている関節）は、無抵抗で滑らかに動けるのが本来の望ましいありかたです。

こうした関節まわりの筋肉が無駄に力んでブレーキ筋となっている場合に、その力みを取り除くのも「力みカット2」です。

拮抗筋に余計な力みがあると、その力みは主働筋のブレーキ成分として作用します。ドアの蝶番（ちょうつがい）にたとえると、蝶番を同時に反対方向に引っ張っているのと同じ状態になって

「力みカット2」では拮抗筋とブレーキ筋を擦る

しまうからです。

さらに、拮抗筋・主働筋の正しい働きを妨げるブレーキ筋もあります。たとえば本節では「歩き」を例にしていますが、歩くときや走るときにブレーキ筋となり得るのは、大腿四頭筋や股関節まわりの筋肉です。

股関節まわりには股関節を取り囲んでいるさまざまな筋肉があります。たとえば中臀筋（股関節横の大転子と腰骨の間にある）、外旋六筋（大臀筋の奥にある６種類の深層筋群）ですが、こうした筋肉が関節まわりで硬縮したり、力んだりすると「ブレーキ筋」として作用し、関節の動きがたちまち悪くなってしまいます。

それら動きの妨げとなる筋群の力みをとるのも「力みカット２」で行うことです。

力みカット3　全身の力みを取り除く

「力みカット３」は、全身の筋肉の硬縮、全身的な力みを擦って取り除く方法です。

力み方には人それぞれ癖があります。筋トレでいえば、腕立て伏せ、スクワット、腹筋など、人はさまざまなポジションをとりますが、ポジションにより多様な力みが生じます。それを取り除くのが「力みカット３」です。

これは全身のすべてを徹底的に点検して脱力する「１　積極的脱力」に似ていますが、

正しい動きや筋力を発揮しようとするときに起こりうる力みを3種類に分けて考え、その3つの力みのうち2つ（「主働筋の力み」と「拮抗筋・ブレーキ筋の力み」）を除いた、そのほかのすべての力みを取り除くというところにアプローチ上の違いがあります。

たとえば、目下例として使っている「歩く」動作のなかでも「左足を後ろへ蹴り出す」という局面について考えてみましょう。この局面で生じる抵抗勢力を排除するには、

「力みカット1」＝主働筋（左脚の大臀筋とハムストリングス）の力みを除く

「力みカット2」＝拮抗筋、ブレーキ筋（左側の腸腰筋、大腿四頭筋など）の力みを除く

という、この2つがまず必要ですが、その2つを除いた残りすべての抵抗勢力を排除するのが「力みカット3」なので、ここであらためて入れるわけです。

なお、「擦る」という方法は「4　正確無比な身体使い」でも紹介しましたが、そのときは正確無比な身体使いを達成する手段として「力みカット」を利用したのです。この章の冒頭でも述べたとおり、レフ化のそれぞれの方法は「ほかと重なり合う」ことでより効果を高めているのが、ここからわかるでしょう。

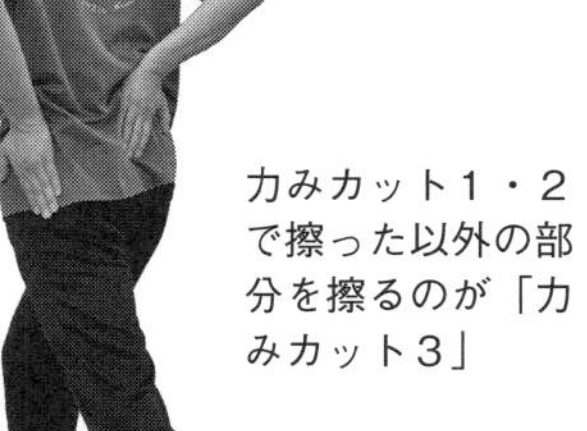

力みカット1・2で擦った以外の部分を擦るのが「力みカット3」

6 呼吸コントロール

呼吸の3つの状態「胎息」「呼息」「吸息」

まず、呼吸の状態を3つに分け、レフ筋トレとの適合度を、適合している順に○、△、×で評価してみましょう。

●胎息＝息を止めている　↓この状態での筋出力は×
●呼息＝息を吐いている　↓この状態での筋出力は△
●吸息＝息を吸っている　↓この状態での筋出力は○

ここからわかるのは、筋出力をしているときに息を止めてはいけない、ということですが、昔はそんなことすら教えられないまま、「胎息」で筋トレをやらされていたことが間々ありました。

息を止めて筋出力するのは、ラフ筋トレの最たるものです。最近は、呼息、すなわち息を吐きながら筋出力することが教えられていますが、以前に比べれば筋トレもだいぶ改善されたということでしょう。

スクワットなら、呼息しながら立ち上がり、重心を上に持っていく。

腕立て伏せなら、呼息しながら重力に逆らうように肘を伸ばして上体を押し上げる。

これだけでも、胎息して行う筋トレに比べれば、ある程度レフ化ができています。「では、それ以上のレフ化はあるのですか?」と尋ねられたら「もちろん、ある」と答えましょう。しかも、3種類もあるのです。

呼吸によるレフ化①　吸息出力

グッと息を詰めて、「グーッ」といううめき声が出るような「胎息出力」の状態に比べれば、**「呼息出力」**で息を吐きながら筋出力するほうが、はるかにマシです。

息をまったく止めるか、ほとんど息を止めるに近い状態でやる筋トレの脱力緩解のしやすさを0%だとすると、息を吐きながら筋トレをやることによって30%くらいまでは「ゆるむ」ことができますが、それ以上となると非常に難しいのが現実です。

ところが、息を吸いながら筋トレをやれるようになるともっと脱力緩解できます。これが**「吸息出力」**で、息を吸いながら出力するやり方です。

「えっ？　それでは力は入らないのでは？」と異論をはさまれそうですが、いえ、これは十分にできるのです。

ただし吸息出力は、呼息出力や胎息出力に比べればはるかに難しいといえます。簡単に吸息で筋出力できるようにはなりません。間違いなく練習が必要です。

ですが、だんだんできるようになってくると、全身の脱力、緩解が進み、力みカット1・2・3もできるようになっていくでしょう。

武術は、歴史的に見ると、脳と身体運動の統合という点ではスポーツ以上の高い水準に達した分野だといえますが、その武術の伝統からすれば、吸息出力ができるのは当たり前のことです。吸息出力で相手を斬り、突き倒すのが当然だったのです。

呼息出力（つまり、息を吐きながら出力する）で相手を打ち、あるいは蹴り倒すような身体使いをしているようでは、吸息出力ができる人には到底、太刀打ちできません。本人も気づかないうちに、あっさりと斬られて終わってしまいます。

呼息出力と吸息出力では、それほどの違いが生じるものなのです。

たとえば腕立て伏せの場合は、次ページに掲載した写真のようなタイミングで息を吸います。

呼吸によるレフ化②　レフ音呼息出力

２つ目は「レフ音呼息出力」です。

実は、脳にも身体にもレフ化を促すように働きかける言葉があるのですが、そのような言葉の代表格は、「気持ちよく」と「抜けるように」です。

呼息出力に慣れている人には、違和感があるでしょう。「気持ちよく」と言ってしまったら力が入らないし、「抜けるように」なんて言ったら、ますます力が抜けてしまう――

腕立て伏せでの吸息出力

肘を伸ばしていくときに大きな筋出力が行われるので、そこで息を吸う

そう思って当然です。

しかし、練習すれば誰でも、「気持ちよく」「抜けるように」と言いながら筋出力できるようになります。

また、試しに、小声でいいので、「気持ちよく」「抜けるように」と言いながら、スクワットで立ち上がったり、腕立て伏せでプッシュしたり、腹筋で上体を起こしたりしてみてください。どうでしょうか？

腕立て伏せでのレフ音呼息出力

▼

▼

気持ちよ〜く
抜けるように

▼

最も大きな筋力が発揮される肘を伸ばすときに声を出す

この方法は呼息で行いますから、吸息に比べればずっとやりやすいはずです。「気持ちよく」「抜けるように」、このメッセージが身にしみるように言ってください。全身に、そして主働筋に、たっぷりしみ入るように言うのです。これが気持ちよくできるようになると、力みカット1・2・3や、全身の点検脱力がどんどん進みます。

呼息出力では、うまくやっても脱力、緩解、力みカットが進むのは30％くらいまでです。ところが、レフ音呼息出力ができるようになると、その上限が40～60％くらいまでに上がります。

呼吸によるレフ化③　吸呼息出力

3つ目が「吸呼息出力」です。これは吸息出力をやりながら、最後に呼息出力を行うというやり方です。

この方法は、評価でいうと◎の方法ですが、吸息出力ができることを前提としている点に留意してください。脳も、全身も、吸息出力から非常によい影響を受けた状態にあって、その状態に乗った流れのなかで呼息出力をやるという方法なのです。

スポーツの世界で吸呼息出力が完全にできている選手は、世界のトップ・オブ・トップのレベルだと言っても過言ではありません。

腕立て伏せでの吸呼息出力

肘を伸ばして上体を起こしていくときは息を吸い、肘を伸ばし切りながら吐く

実のところ、吸息出力もある意味では◎といえるのですが、高度な吸息出力が達成できたところに、さらに高度な呼息出力を加えるのが「吸呼息出力」なので、これだけを◎としました。

本当に高度な段階で達成されると、吸息出力だけよりも強大な力——たとえば、剣でいうと圧倒的な斬撃——が生まれてきます。それが吸呼息出力です。再び腕立て伏せでタイミングを工夫してみてください。

7 筋トレ前後・途中でのルースニング導入

ルースニングの基本

これは、私が開発した、身体をゆるめて脱力緩解する方法「ルースニング」を、筋トレの各種目の前後に織り込んでレフ化を図る方法です。すなわち、

これから取り組む筋トレに合うルースニングをやる

⬅

筋トレを1種目行う

⬅

ルースニングでいま筋トレした筋肉をゆるめ、ときほぐしながら、次に取り組む筋トレに合うルースニングを行う

⬅

別の筋トレ種目に取り組む

といった具合に入れていくわけです。

そして最後、予定していたトレーニングメニューが終わったところで、全体を見て全身をときほぐすようなルースニングを行います。ストレッチ（運動後よく行われる一般的なもの）にもある程度のルースニング効果があるので、組み合わせてもいいでしょう。

ルースニングのいちばんの基本は、「1　積極的脱力」でとりあげた揺動緩解運動です。たとえば、「プラプラ」「プラーン」とか、「気持ちよーく」などとつぶやきながら、写真のように四肢の関節を動かす運動が挙げられます。

揺動緩解運動の例

言葉を声に出しながら片腕を振り、動きをだんだん大きくしていく。終わったらもう片方の腕も同様につぶやきながら振る

「タンブリング系」とその効果

揺動緩解運動のなかでは、**「タンブリング系」**と私が呼ぶ運動もいいでしょう。

立位で身体をリズミカルに上下動させることで、肩まわりや体幹をゆるめることができます。擬態語でいうと「ユッサユッサ」という感じなので、そのように言いながら行ってください。

ジャンプするのではなく、足裏はわずかに皮の厚さぶん浮き沈みさせる程度にするのが肝心な点です。

床を通して、骨がピタリと地芯に乗った状態を保ったまま、足首、膝関節、股関節をほどほどに屈伸させる感じの上下運動を心がけましょう。そのようにすると、全身の筋肉がいい具合に上下にユッサユッサとゆすられ、ゆるんでセンターが通るのです。

タンブリング系の運動によるルースニングは、スポーツの試合でいよいよ出番が近づいてきた、というとき、緊張をときほぐしながらセンターを通すのにとても役立ちます。

ユッサ
ユッサ

単に肩を上下させるのではなく、全身をゆすり動かすのがポイント誰しも試合前や、自分の出番まであと10秒、5秒、3秒というときには緊張し、全身の筋肉が力んで硬縮しやすくなります。

そこでタンブリング運動をすると、いちいち点検脱力しなくても全身を脱力できるうえ、上下に身体を動かすことから、「地芯乗り」、そして垂体一致状態で「軸」を通す「串刺し法」を行っていることにもなるのです。普段からこのようなトレーニングをしておくと、競技力も向上します。

また、このあと第5章でとりあげる「その場歩き」を合わせて行うと、筋トレとルーストレーニングによって自分の身体や動きがどう変化したかを確かめることができます。

8 日常的にルースニングに取り組む

体操とストレッチで日ごろからゆるめておく

レフ化の8番目の方法は「日常的にルースニングに取り組む」としました。

これは要するに、紹介したレフ化の1～7までのすべてを支えるために、常日頃から「ゆるむ」ようにしよう、ということです。

具体的には、基本的な「ゆる体操」とストレッチを行います。その多く（とくに、ゆる体操）はこれまで数々の媒体で発表してきたので、概略を次ページ以降に掲載するにとどめました。

必要に応じて取り組むというかたちでも構わないのですが、すべてを毎日行うと、筋トレや筋肉だけでなく、自己の本質がレフ化して健康になり、脳の活動も向上してくるのでとてもおすすめです。

ハンド・アーム ルースニング

手の擦緩法

手のひらを擦り合わせます。「ゆるむように」「ときほぐれるように」「気持ちよく」と言いながら、手の皮膚、筋肉、骨と徐々に意識を深めつつ、手を斜めにしたり、手首を返したりしましょう。その後、一方の手のひらでもう一方の手の甲を擦ります。

ハンド・アーム ルースニング

手首の揺緩法

「プラプラ」と言いながら左右の手首をゆすり動かして、ゆるめときほぐします。手首の三次元的運動ですが、上達してくると上腕・肩甲骨・肋骨のほうまでゆるんできます。手の擦緩法を行ってからやるとさらに効果的です。

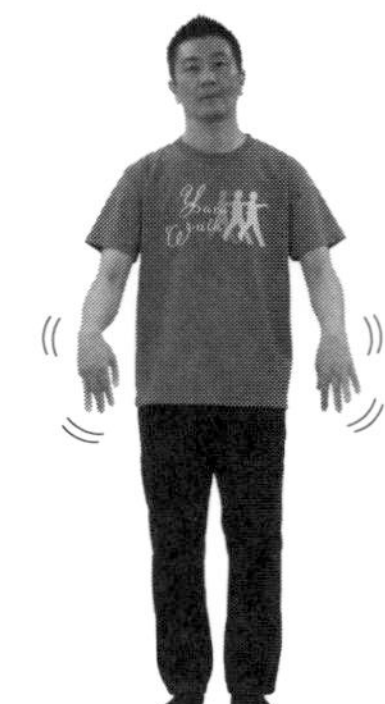

ハンド・アーム ルースニング

肘抜き擦緩法

「ゆるむように」「ときほぐれるように」「気持ちよく」と言いながら、右の手のひらで左肘を真上から擦ります。次に「抜けるように」と言いながら左肘の外側を擦ります。さらに、「通るように」と言いながら左肘の内側を擦り、右肘も同様に行います。

フット・アンクル
ルースニング

足首交叉擦緩法

長座腕支え（２４２ページ参照）の状態から右足首を左足首の上に乗せて、右足の小指の外側を、左足の小指の足裏側からひっかけるようにクロスさせます。右足を前後に動かして「ゆるむように」「ときほぐれるように」と言いながら左足首を擦りましょう。反対の足も同様に行います。

フット・アンクル
ルースニング

足内旋擦緩法

長座腕支えの状態から、右の足の裏を左足の甲に内向きに重ねます。そして「ゆるむように」「ときほぐれるように」「気持ちよく」と言いながら右足を動かし、右足裏で左足を擦ります。右膝関節を左膝関節にかぶせるように行うと効果的です。反対の足も同様に行いましょう。

ショルダー
ルースニング

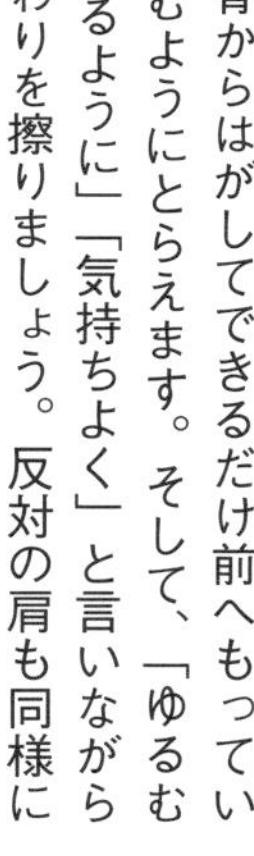

肩関節まわり擦緩法

左右の肩甲骨を肋骨からはがしてできるだけ前へもっていき、右手で左肩を包むようにとらえます。そして、「ゆるむように」「ときほぐれるように」「気持ちよく」と言いながら右手で左の肩関節まわりを擦りましょう。反対の肩も同様に行います。

ショルダールースニング

肩肋回解法

肋骨の上部を左右の手で擦ります。次に擦った肋骨上部と肩関節を回しますが、肩関節が「前→上→後ろ→下」へ、肋骨上部が「後ろ→下→前→上」というふうに、対称的な動きになるように回してください。回すとき、体幹の中段部分は必ず格定しましょう。

ニー・レッグルースニング

下腿膝擦法

あお向けに寝て両膝を90度に立てます。右のふくらはぎを左膝に乗せ、全身をダラーとさせたまま、右ふくらはぎを前後に動かしましょう。右脚のアキレス腱の上端から膝裏までを、左膝でこすりながらときほぐします。反対の脚も同様に行います。

前後に動かす

ニー・レッグルースニング

膝クル

写真のように腕枕をして横向きに寝ます。股関節を30度曲げ、さらに膝を曲げて下腿が体軸と平行になるようにします。そのまま右脚と左脚の膝を重ねて擦り合わせます。上になっている右膝を前回りさせましょう。終わったら反対側を向いて同様に行います。

膝を擦り合わせる

ヒップジョイント
ルースニング

ウナ踵乗芯法

左足の「ウナ」で右足の踵の上の端を踏むようなつもりで左足を上下動させます。右踵を貫き美しいシルバーの地芯を突き通すようなイメージで行いましょう。「地、地、地、地」と言いながら行うと効果的です。反対の足も同様に行います。

ウナとは「脛骨直下点」のことで、読んで字のごとく、脛骨（すねの骨）からまっすぐ下ろした線が足底と交わる点です。足裏から見ると、足の幅の内側から2対3の場所にあり、おおむね下のイラストの位置です。

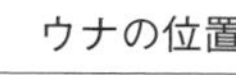

ウナの位置

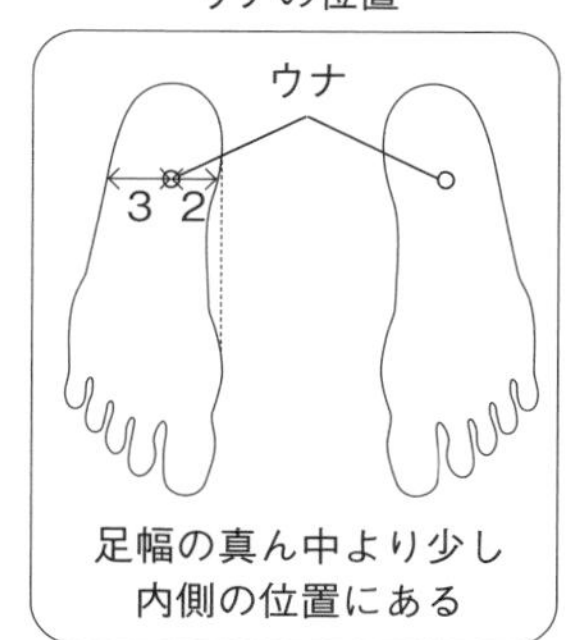

足幅の真ん中より少し
内側の位置にある

ヒップジョイント
ルースニング

仙骨まわり擦緩法

腰（仙骨から腰椎にかけての部分）を、「ここだよ」と言いながら擦ります。とくに仙骨は、左右それぞれの指4本を使っててていねいに擦りましょう。固まって反りかえった腰が、ゆるみときほぐれるように、そして反りがなくなっていくように行ってください。

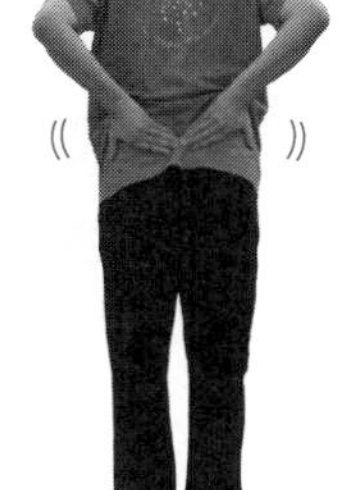

ヒップジョイント
ルースニング

仙骨まわり揺解法

前ページの仙骨まわり擦緩法を行い、仙骨から腰椎にかけての固まった反りが減り、仙骨まわりがニュートラルなポジションになってくる感じがしたら、仙骨から腰椎、およびその周辺の筋肉を「ほぐれるように」「モゾモゾ」と言いながらゆすって、ときほぐしていきます。

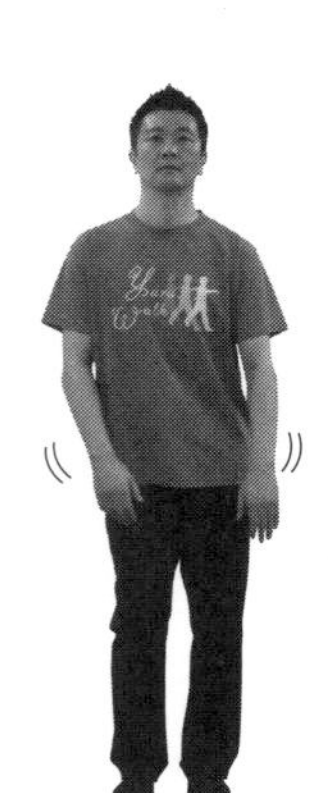

ヒップジョイント
ルースニング

把由足転子回解法（はゆうそくてんしかいかいほう）

最初にCPSで立ちます。右足を軸足とし、左足は約90度開いて両足の間を指3本ほど離しましょう。左足の指先を床から1～2㎜上げ、左踵を中心に回軸運動をします。

次に左手でL字手法をつくって左大転子をつかみ、右手で中指突出法をつくって左転子を突擦します（208ページ参照）。転子をハッキリクッキリさせるように左脚の回軸運動を続けたあと、反対の脚も同様に行いましょう。

なお、CPSとは「クローズド・パラレル・スタンス（Closed Parallel Stance）」の頭文字をとった略称で、下のイラストのように、つま先を自分の真正面に向け、左右の足の内側を走るライン（内法（うちのり））がぴったり重なるように両足を閉じる立ち方です。

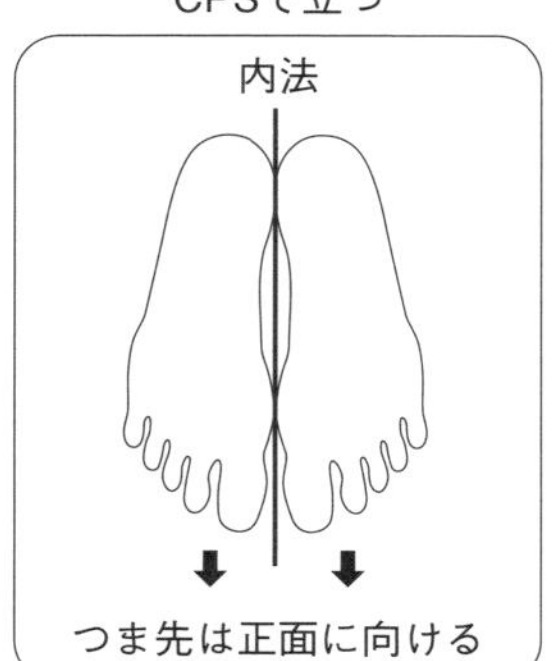

ヒップジョイント
ルースニング

腰モゾ

あお向けに寝て全身の力を抜きます。両手両足を腰幅程度に開き、両膝は90度に曲げます。「モゾモゾ」と言いながら、腰を床にこすりつけるように左右に動かし、腰をときほぐしゆるめます。立った状態で壁に腰をこすりつけて行うやり方もあります。

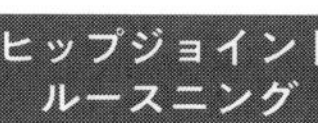

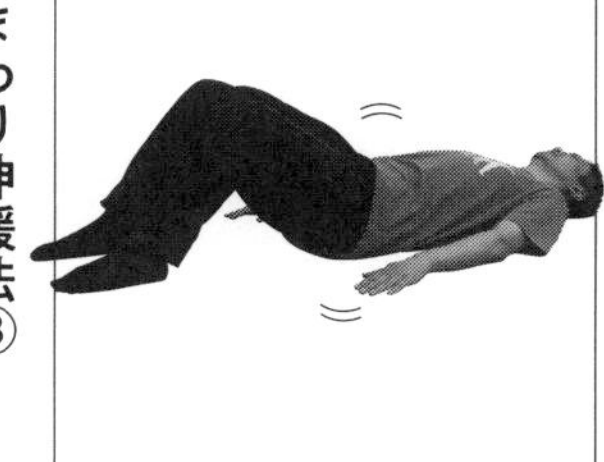

ヒップジョイント
ルースニング

股関節まわり伸緩法①

大臀筋や外旋筋などのストレッチです。写真の姿勢をとり、体幹をゆっくり前傾させながら右大臀筋を伸ばします。体重をかけすぎないよう注意しましょう。反対側も同様に行います。

股関節まわり伸緩法②

外転筋群のストレッチです。写真のような姿勢でゆっくりと体幹を右に捻り、右外転筋群を伸ばします。無理に捻らないようにしてください。反対側も同様に行います。

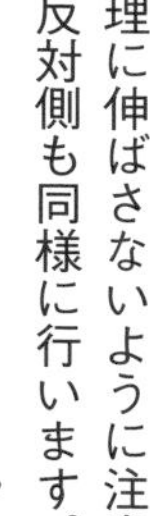

股関節まわり伸緩法③

股関節前面筋群のストレッチ。写真のような姿勢で右股関節前面筋群をゆっくり伸ばします。腰を反らしたり、股関節の前面を無理に伸ばさないように注意して反対側も同様に行います。

ショルダーブレイドルースニング

肩脊広緩法（けんせきこうかんほう）

肩甲骨を使って右腕をプラーンと前に振り出し、両腕を胸の前でクロスさせ、左肘の内側で右上腕をふわっと受けます。左手の指で右肩関節をつかみ、右腕を伸ばしながら、背骨と右肩甲骨の間が広がるように、身体をまず左へ20度、次に右へ20度傾けます。反対の腕も同様に行います。

ショルダーブレイドルースニング

肩脊挟解法（けんせききょうかいほう）

両腕を振りながら腰に回し、右手で左手首をふわっとつかみます。左手の甲を右の手の平にのせたまま、肩関節と肩甲骨まわりを「モゾモゾ」と言いながら動かしてときほぐしましょう。体幹は反らさないでください。左右の手を入れ替えて同様に行います。

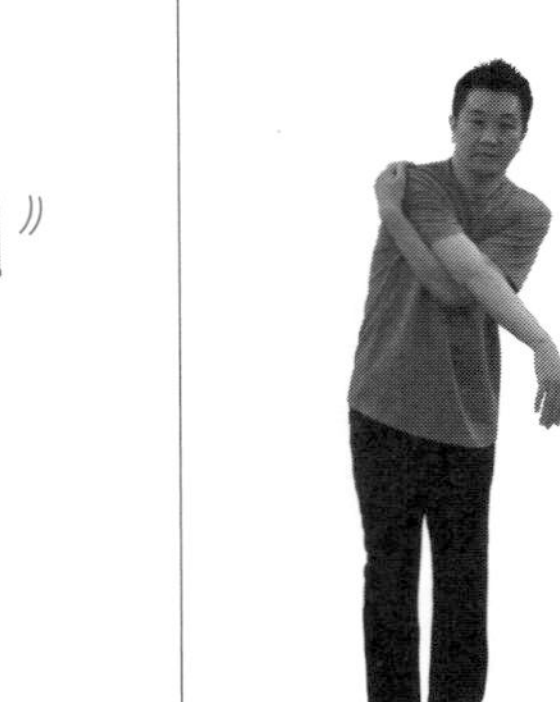

ショルダーブレイドルースニング

肩甲モゾ

左右の肩甲骨を「モゾモゾ」と言いながら上下左右に動かす運動です。左右の肩甲骨の間を広げたり狭めたり、外回転、内回転させたりと、さまざまな方向に動かし、次に片方ずつ同じ動きを行い、最後に再び左右２つの肩甲骨を、今度は互い違いに動かします。

バックボーン
ルースニング

壁柱角脊椎通し（へきちゅうかくせきつい）

壁や柱の角に背骨の右側1～1・5㎝あたりの部分（右脊側）を当て、寄りかかります。踵は角から20㎝ほど離し、その状態で身体を脊椎3個ぶんほど上下させましょう。4～5回行ったら当てる位置を徐々に下げて、こすりゆるめていきます。左脊側も同様に行います。

リブ
ルースニング

肋骨擦緩法

右手で左側の肋骨を擦ります。鎖骨のすぐ下から胸骨の際、大胸筋、大胸筋を越して脇までをていねいに擦りほぐしましょう。皮膚から始まり脂肪層、筋肉とゆるみを深めていき、肋骨と肋骨の間も指先の腹で擦ります。右側の肋骨も同様に行ってください。

リブ
ルースニング

肋骨揺解法

右の鎖骨を上にあげると奥に肋骨の1番があります。そこを左人差し指と中指で擦り、胸椎1番につながっているのを感じながら、前後・左右・上下・斜めにモゾモゾゆすり、ときほぐします。右側を肋骨10番まで1段ずつ同様に擦り、ゆすってときほぐしたら、左側の肋骨も同様に行います。

リブ
ルースニング

背合揺緩法

身長が同じくらいの人と背中合わせに立ち、「モゾモゾ」と言いながらお互いに背中をゆすって擦り合わせ、ほぐし合います。背中を上、中、下の3段に分けて上段から順に行いましょう。できる人は、さらに背骨の左右でも分けて6分割で行うとより効果的です。

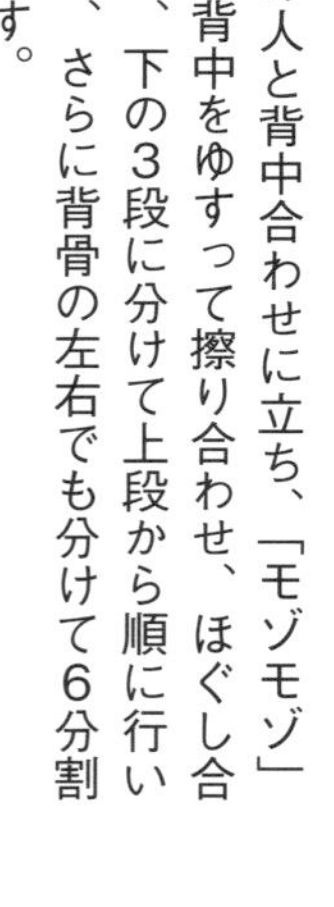

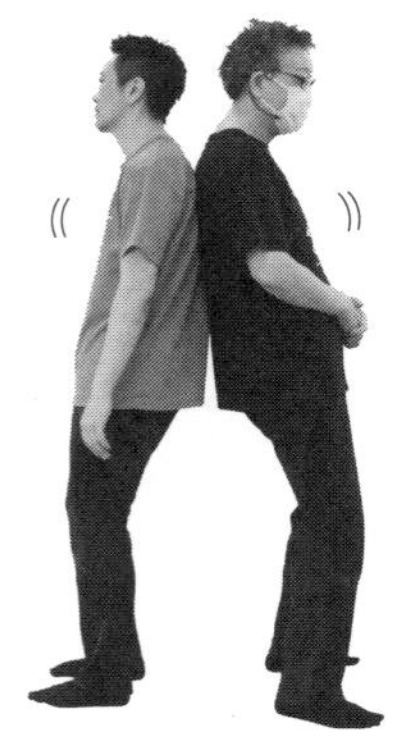

リブ
ルースニング

肩包体手擦はがし

右手をヘラ手にして左脇から入れ、肋骨の上に乗っている肩包体（肩関節、肩甲骨、鎖骨とそのまわりの筋肉からなる部分）を、上へ向かってはがすように擦っていきます。肩包体を上下にゆすりながら行うのがコツです。右脇も同様に行います。

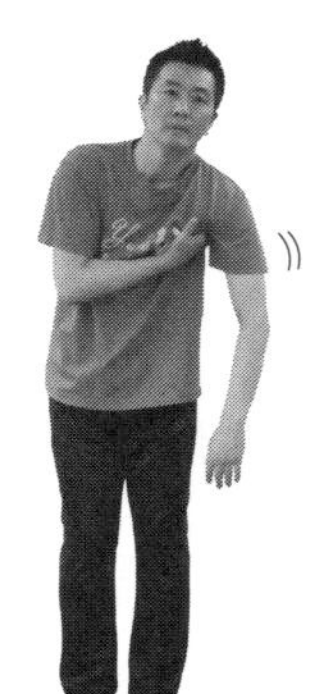

リブ
ルースニング

肋体肩包体ずらし

「ゆるゆる、ズルズル」と言いながら、肋体（肋骨）と肩包体を、左右に互い違いになるようにずらします。肋体が左へ行くときは肩包体が右へ移動する、といった具合です。次に前後に互い違いになるよう、肋体と肩包体をずらしましょう。

9 ほかの運動とのコーディネーショントレーニング

筋トレと知的活動を組み合わせる

筋トレに知的活動を組み合わせることでレフ化を図りましょう。

たとえば「じゃんけん」をしながら筋トレを行ってみる、という方法があります。２人以上なら普通のじゃんけんを、一人なら、自分の右手と左手で勝負します。

歌いながら筋トレしてもいいでしょう。知っている歌でもいいのですが、トレーニング前に初めて聞いた歌の歌詞を見てできるだけ記憶したうえで、歌詞を見ないで歌いながら筋トレしたほうがより高い効果を期待できます。

新聞のコラムを読みながら筋トレするのもいいと思います。黙読するより音読するとなお高い効果が期待できます。

都道府県名を声に出しながら

私がみなさんにとくにおすすめしたいのは、都道府県の名前を次々に言いながら行う筋トレです。腕立て伏せやベンチプレス、スクワットなど、1回上昇下降をするたびに、呼息のタイミングで都道府県の名前を言うわけです。時間のかかるゆっくりとした筋トレなら、都道府県の名前を一度に2つか3つ言ってもいいでしょう。

思いつくまま言うのも結構ですが、徐々に難しいルールを課していくと、さらに高度なトレーニングができます。

①都道府県名を地方とセットで言う

まず、各都道府県を東北、関東、中部、近畿、四国、中国、九州の7つの地方に振り分けます（便宜上、北海道は東北に、沖縄は九州地方に含めます。また、以下では都道府県を区別せず、すべて「県名」と略して呼ぶことにします）。

まずは関東地方と言ってから、東京都、茨城県、栃木県、群馬県、埼玉県、千葉県、神奈川県、と県名を言い、次に東北地方、さらに中部地方……というふうに各地方と県名をセットで言いましょう。これはきっと簡単なはずです。

②ルールを追加する

①のやり方に慣れてきたらルールを追加しましょう。例を挙げると、「同一地方に属する県名を続けて言わない（たとえば、関東地方から1つ言い、次は必ずほかの地方から1つ県名を言う）」

というルールを課すだけでかなり難しくなります。具体的には、「関東地方・群馬県→東北地方・秋田県→九州地方・熊本県……」といったように、地方を次々と変えて県名を言いながら、腕立て伏せなりスクワットなりを行います。

③ルールを複雑化する

②にも慣れたら、ルールをもっと複雑にして難易度を上げましょう。たとえば次のようにするのです。

A　ある地方の県名を1つ言う。

↓

B　A以外の地方の県名を2つ言う。

↓

C　A、Bとは異なる地方の県名を3つ言う。

この段取りで、声に出す県名を４つ、その次は５つ……と増やしていくやり方です。

「関東地方・群馬県」　スクワット1回目

↓

「東北地方・秋田県、宮城県」　スクワット２・３回目

↓

「九州地方・鹿児島県、宮崎県、長崎県」　スクワット４・５・６回目

……といった感じで、地方は全部で７つですから、全部できれば28回目まで行うことになります。四国地方と中国地方を後回しにすると（県がそれぞれ４つ、５つしかないため）失敗です。それを見越して、早めに中国・四国を言っておかなければいけません。

これもできるという人は、県名に加えてその県庁所在地も同時に言うようにしてください。そこまでルールを複雑化すると、相当手こずるはずです。

また、筋トレ一つの種目を１００回、２００回などくり返す場合には、各県内の都市名を必要な数だけあらかじめリスト化しておき、それを言うようにします。

コーディネーショントレーニングの意味

2つのことを同時に行う「デュアルタスク」によって脳を鍛えられることはよく知られていますが、トレーニングをレフ化するには、それだけでは不十分です。

脳を鍛える慣れたルールで漫然と都道府県名をくり返しながら動き続けるだけでは、大きな効果は望めません。**「トレーニングの動きのリズムに合わせる」という制約条件のもとで、それまでの常識とは異なる「新しいルール」に挑むからこそ、ある程度高度で統合的な脳活動になるのです。**

「簡単」と感じるということは、課しているルールが自分のなかで〝常識化〟しつつあるということなので、その時点で、やっていることのコーディネーショントレーニングとしての価値は低下しています。

リカバリーするための時間をとることも必要

ルールを追加し、複雑化していって、ある程度慣れたあとで失敗するような場合は、必ずリカバリーの時間をとるようにしてください。

たとえば腕立て伏せのコーディネーショントレーニングで難しいルールに失敗した場合

は、すぐに最も簡単なルール①に戻りましょう。そして3回ほど腕立て伏せを行い、一息つきます。そうやって脳を休養させてから、再び難しいルールに挑戦します。

これは、外的要因でリズムが乱されたとき、即座に行動を変更するシミュレーションになります。10万年前の人類の筋活動でいえば、狩りで獲物を追いながら、当初予定していた作戦行動を立て直す、といった活動に通じるものがあり、脳と筋肉が統合的に機能していた状況へと、トレーニングをかなり近づけることができるでしょう。

失敗したままの状態にとどまっていたら、生きる糧（かて）である獲物に逃げられるか、悪くすると反撃に遭うかもしれない、というイメージをできるだけリアルにもてると、さらに効果が高まります。

以上のメソッドも、美しいシルバーの地芯上空6000kmに立つイメージで行うようにしてください。さらにレフ化が進むでしょう。

第5章

代表的なレフ筋トレ10種目

本章では代表的なレフ筋トレを紹介します。本格的な筋トレ経験のない初心者は、ぜひこちらから取り組んでください。また、経験者にはレフ化の実践的な勉強になります。筋トレとは別の時間に、第4章で取り上げたルースニングにも徹底的に取り組む習慣をつけてください。

始めて最初の3ヵ月は、週に3～5日のペースで、レフ化を進めることをおもな目的として、本文に記された回数を目安に行いましょう。そのあとは、回数を1ヵ月ごとに2～3割ずつ増やしていき、当初の回数の3倍になったらそれ以上増やすのをやめます。

合間には第4章で紹介した方法でレフ化に取り組んでください。レフ化が90%まで成功したと感じられ、かつ本章に掲載した種目の9割で、当初の回数の3倍までできるようになったら、負荷を増やす工夫をして、さらにレフ筋トレを続けましょう。

まずは「その場歩き」から始める

まずはウォーミングアップとして、美しいシルバーの地芯上空6000㎞で歩くことから始めましょう。

歩行は人間にとって最も根本的な全身運動ですが、開けた場所でなければできません。かわりに**「その場歩き」**（運動科学の専門用語では**「定止歩動」**ともいいます）を行いましょう。文字どおり、その場から位置を変えることなく歩行運動を行うことです。

やり方は簡単で、必ず軸をイメージして、全身をゆるめながら歩く動作をその場でくり返すだけです。

その場歩きの実践

背骨を思い浮かべましょう。背骨には前後に幅がありますが、その前側のラインに沿って身体を抜ける垂直線をイメージしてください。それが軸になります。

次に腕と脚を交互に上げて歩く動作をしますが、脱力して行うことが大切です。ゆっくりした動きでその場歩きを行い、動きをていねいに観察してください。

ゆっくりした動きでその場歩きを行うのは、このあとレフ筋トレに取り組んだことに

「その場歩き」のやり方

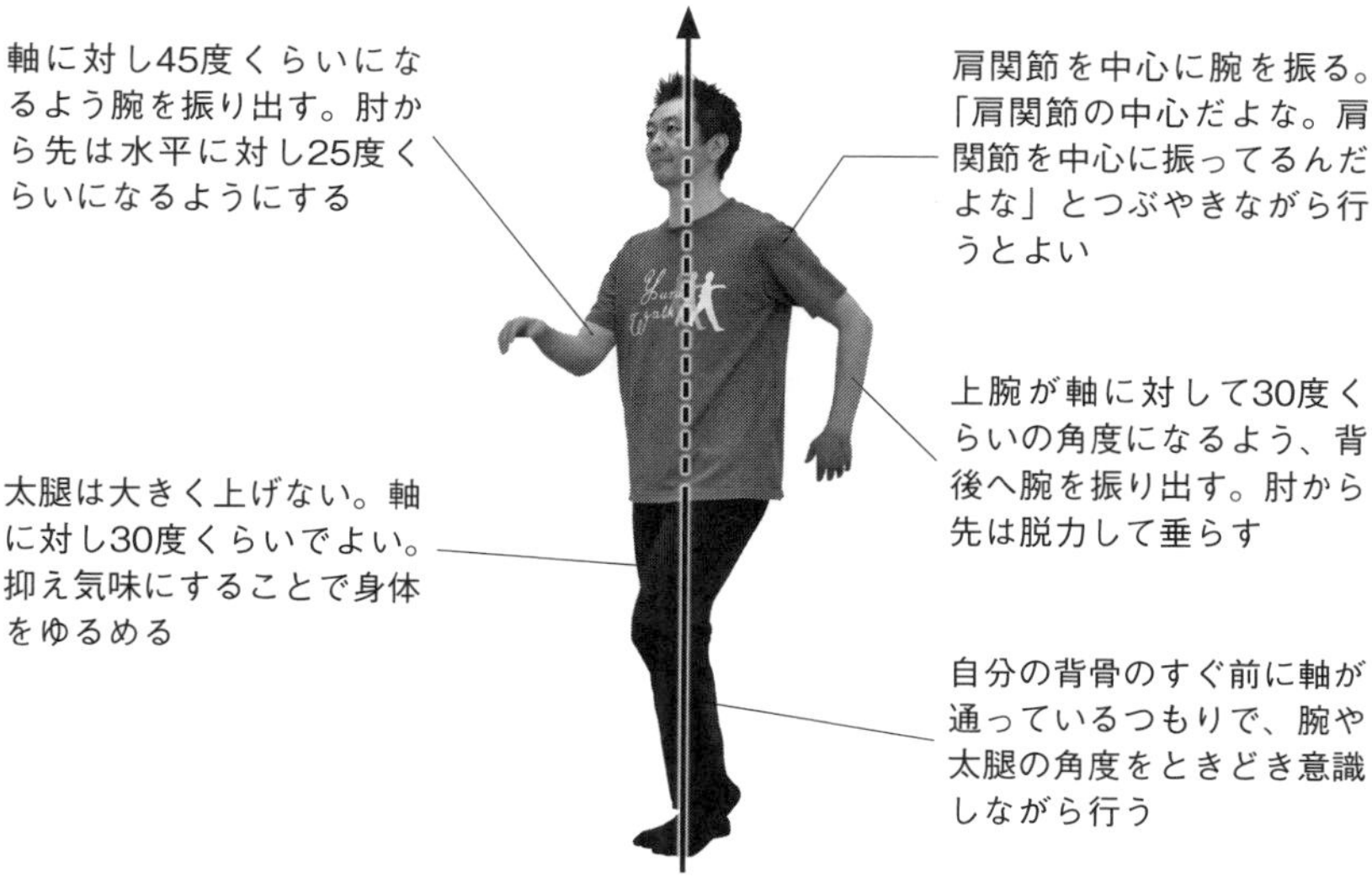

軸に対し45度くらいになるよう腕を振り出す。肘から先は水平に対し25度くらいになるようにする

肩関節を中心に腕を振る。「肩関節の中心だよな。肩関節を中心に振ってるんだよな」とつぶやきながら行うとよい

上腕が軸に対して30度くらいの角度になるよう、背後へ腕を振り出す。肘から先は脱力して垂らす

太腿は大きく上げない。軸に対し30度くらいでよい。抑え気味にすることで身体をゆるめる

自分の背骨のすぐ前に軸が通っているつもりで、腕や太腿の角度をときどき意識しながら行う

よって、自分の動きにどのような変化がもたらされたかを確認するためです。

レフ筋トレをやる前と後に、その場歩きをゆっくりとていねいに行って比較してみると、さまざまな気づきがあるはずです。その気づきによって自分がどうなっているのかを知ると同時に、レフ筋トレが何を狙っているかを確認できるのです。とても大切なことなので、覚えておいてください。

筋トレの成果を確認する手段に

以降のトレーニングでは、必ず前後で「その場歩き」を行うようにしてください。そして、身体の感じを確かめてみましょう。

身体のバランスやゆるみ方、力み方、動きやすさ、気持ちよさ、そしてもし感じられるようであれば、軸の通り方などを味わってみてください。

足と床との接地感はどんな感じですか。ピタッと体重を支えられていますか。交互に足が離れるときの離地感はどんな感じでしょうか。足が床から離れ、また触れる感じを十分に味わいましょう。身体の状態を通して脳の状態を推測できるので、とても大切な作業になります。

1　クロス腹筋

クロス腹筋は、あお向けに寝た状態で腹筋を収縮させて、左肘と右膝（または右肘と左膝）をくっつけるトレーニングです。いきなり腹筋運動に入るのではなく、まず全身を揺動緩解運動でよくほぐすことから始めましょう。

なお、クロス腹筋は薄めのパイルカーペットや絨毯、あるいはヨガマットを敷いた部屋で行うことをおすすめしているので、以下、その前提で説明します。また、床に寝て始める前に、まず「その場歩き」でトレーニング前の身体の感覚を確かめてください。

①全身をほぐす　腰の揺動緩解運動

あお向けに寝て両膝を立て、その角度が90度になるようにします。そして腰裏の仙骨や腰椎の部分に指を入れてみてください。腰裏の反り具合で全身の脱力具合がわかります。

もし指がスルッと入ってしまう状態なら、このままクロス腹筋をやるとラフ筋トレになってしまいます。そうならないよう、まずここをよくほぐして、腰裏が床につくようにするところから始めましょう。

まず、「モゾモゾ」とつぶやきながら、腰をカーペットや絨毯に軽くこすりつけるように動かしましょう。さらに「ときほぐれるように、ときほぐれるように」とつぶやきながら腰に働きかけてください。

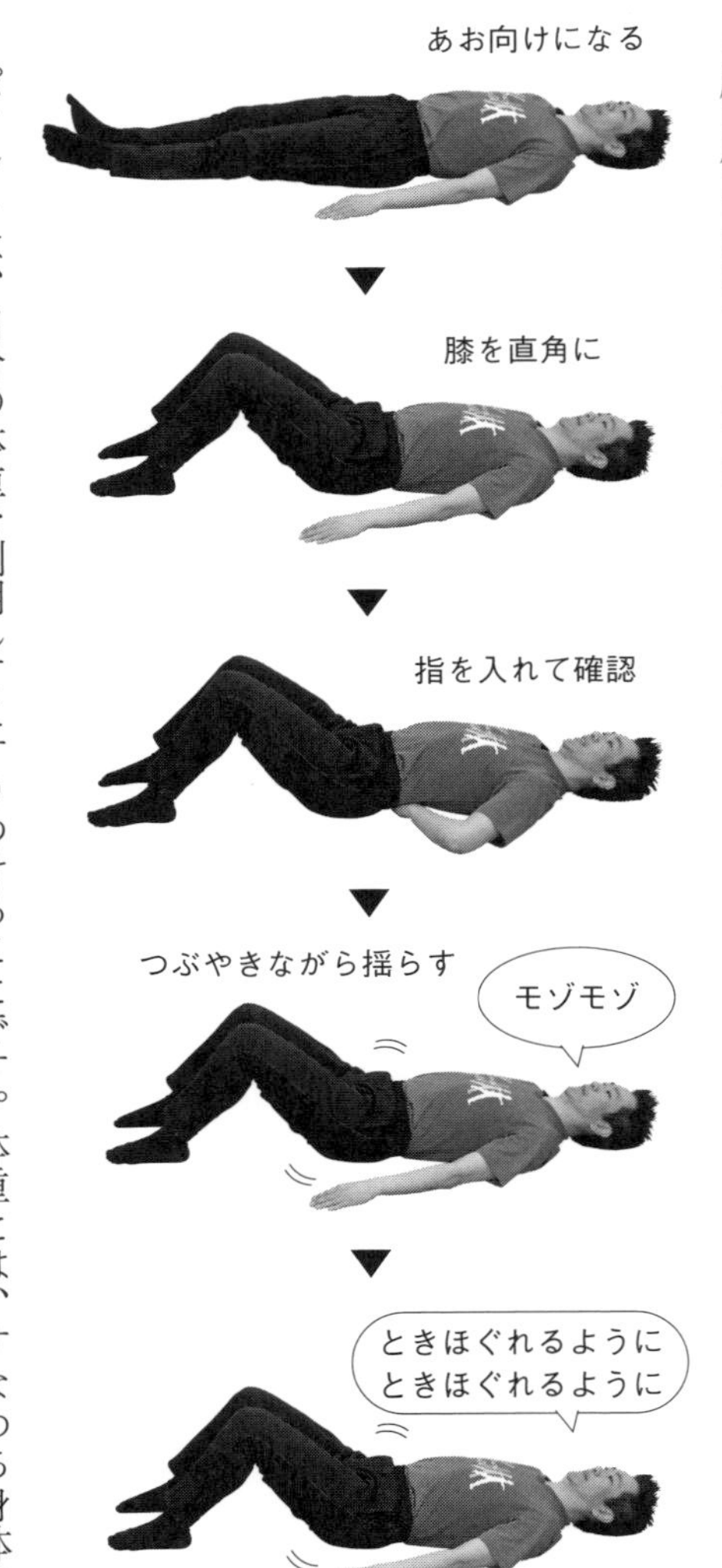

ポイントは、自分の体重を利用してこすりつけることです。体重とは、すなわち身体にかかる重力です。重力は、地球の重心＝地芯へ向かって直線（重力線）を引くように働いています。体重を利用することで、この地芯と重力線を潜在意識下でさりげなく感じなが

ら、腰を床にこすりつけるのです。タオルを両手でこすり合わせて揉み洗いするときのように、腰とカーペットをすり合わせましょう。

②全身をほぐす　擦動緩解法

次に、肘と膝を擦って緩解します。足を床から離し、両膝を胸のほうへ少しひきつけて、「気持ちよく、気持ちよく」と言いながら、両膝の膝頭を手のひらで心を込めて擦ってください。

そしていったん足を下ろし、今度は右手で左肘を「気持ちよく、気持ちよく」と言いながら心を込めて擦ります。右肘も左手で同様に擦りましょう。

さらに、空いている手で腹直筋や腹斜筋などの腹筋群（位置は下のイラストを参照）も擦るようにしてください。このときも、「気持ちよく、気持ちよく」とつぶやき続けます。

腹筋の位置

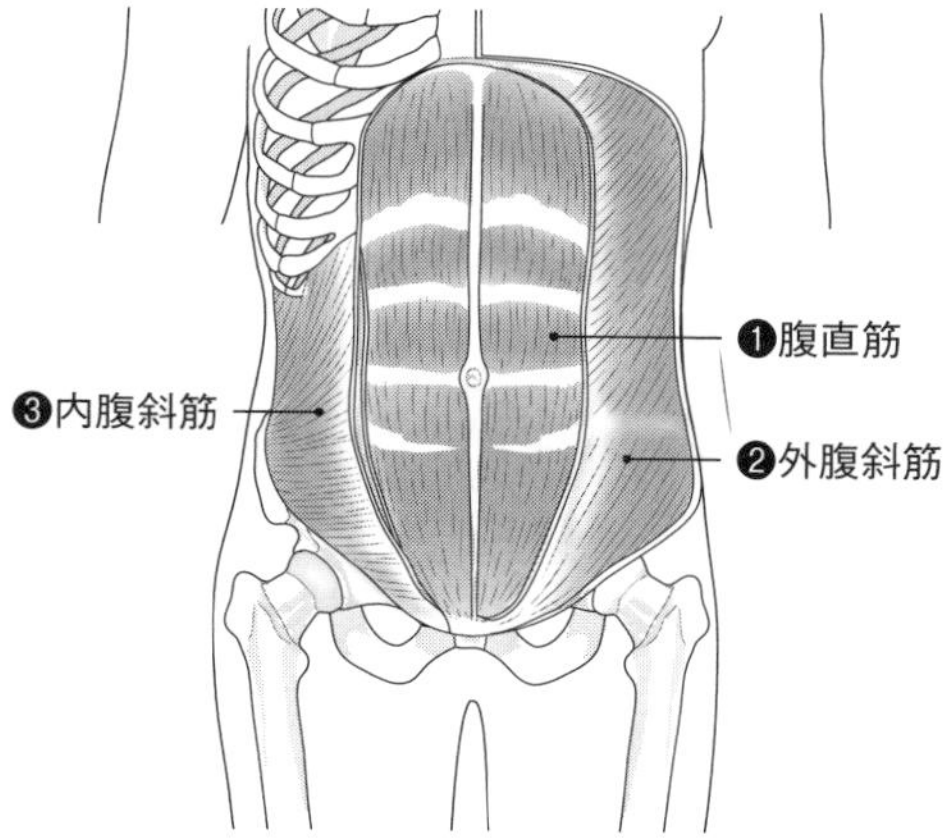

❶腹直筋
❷外腹斜筋
❸内腹斜筋

３つの腹筋のなかでは❸内腹斜筋がもっとも深いところにある

この「気持ちよく、気持ちよく」という操作言語が大事です。声に出すことでレフ化する意志が心身にしみとおっていくからです。

これは前章で紹介した「力みカット1」を、擦動緩解法を使って行っているのですが、やるかやらないかで、結果がまったく違ってきます。

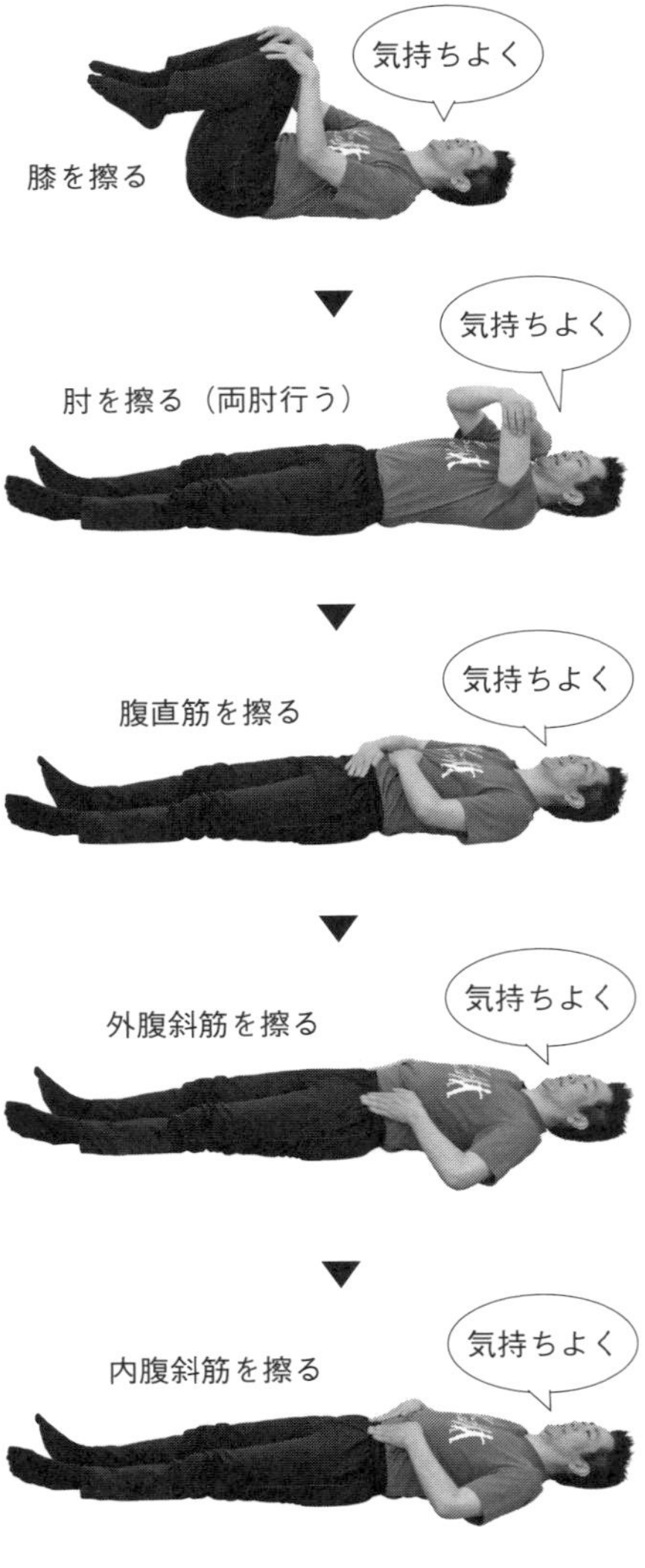

気持ちよく

膝を擦る

▼

気持ちよく

肘を擦る（両肘行う）

▼

気持ちよく

腹直筋を擦る

▼

気持ちよく

外腹斜筋を擦る

▼

気持ちよく

内腹斜筋を擦る

③全身をほぐす　腕と脚の揺動緩解運動

今度は、脚の膝から下と、腕の肘から先を「プラプラ」とゆすり動かし、ゆるめときほぐす運動を行いましょう。

まずはすねを上下にプラプラ動かしてください。次に左右にプラプラゆすります。さらに進んで、上下左右すべての方向への動きを組み合わせて、まんべんなく、3次元にゆすりましょう。すねと同じように前腕も3次元にゆすり動かしてください。

余談ですが、脚を3次元に動かす能力は重要です。

どんな人も、歩くときは脚を上下に動かしてプラプラさせていますが、実は方向転換（進行方向を変える、カーブを曲がる、障害物をよける……）などの機会にも脚は左右方向に動いています。

微視的に見ると、左右方向に動いた瞬間に足首や膝関節、股関節、それらの関節の近傍の腱、筋肉などが軽微ながら損傷しているのですが、そうしたダメージが蓄積するのを防げるように、レフ筋トレはつくられているのです。

④クロス腹筋　腹直筋バージョン

それではいよいよ、クロス腹筋に入ります。あらためて、美しいシルバーの地芯上空6000kmに、あお向けに寝てください。

そして肘と膝を「気持ちよく、気持ちよく」と言いながら心を込めて擦ります。擦り終わったら、両脚を伸ばして、両腕は床に置きます。そして、腹筋運動に入ります。

左肘と右膝をゆっくりくっつけてください。この左肘―右膝をつけた状態が「左クロス」です。

左クロスの状態のまま、「気持ちよく、気持ちよく、気持ちよく」と3~6回ほど言いながら、右手でお腹の前面にある腹直筋を擦ってください。腹直筋を通して全身にまで気持ちよさが広がるように、ゆっくりと心を込めて擦ります。その間、左肘と右膝は決して離さないでください。

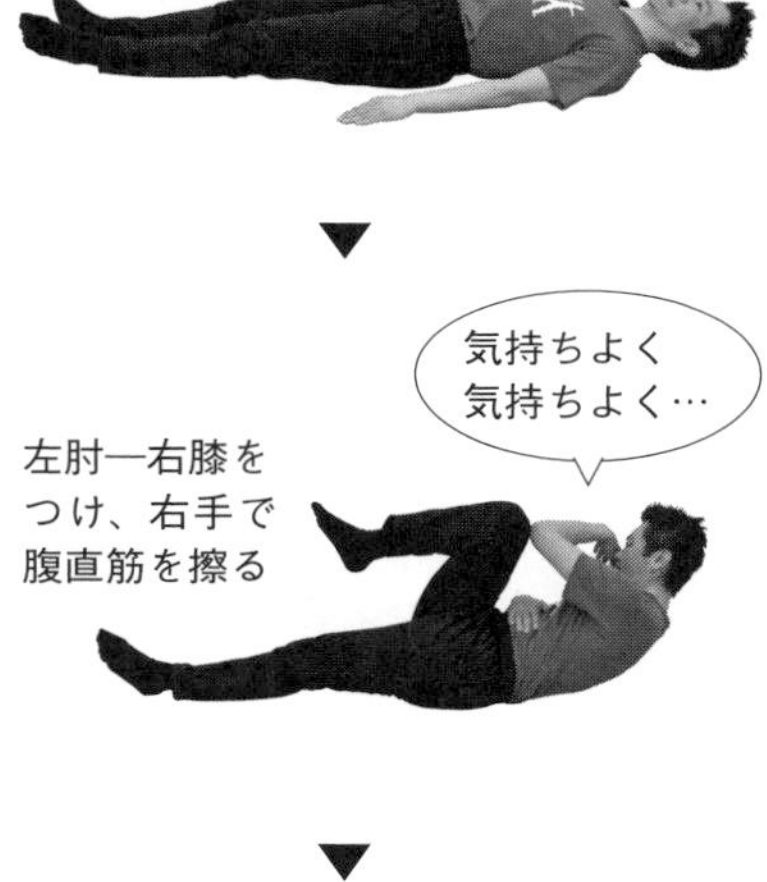

擦り終わったら、両腕と両脚を伸ばして元の姿勢に戻ります。1～3秒間のインターバルを入れてください。この方法は1回ごとにいかにていねいにゆるんで気持ちよく行えるかが大事になってきます。今度は反対側の「右クロス」を同様に行います。終わったら、ここでも1～3秒間のインターバルを入れます。

ここまでを1セットとして、3セット行ってください。

⑤クロス腹筋　内腹斜筋バージョン

④と同じ動作をしながら腹斜筋を擦るバージョンもあります。

深い層にある腹斜筋を「内腹斜筋」、表層にあるものを「外腹斜筋」といいます。

まず、内腹斜筋バージョンから始めましょう。内腹斜筋は、ヘソのまわりにある腹直筋よりもやや外側にあります。

まずは左クロス。左肘─右膝をゆっくりくっつけてから、視線をヘソに置いたまま、空いている右手で3～6回ほど、右の腹直筋の少し外側から脇腹にかけての部分にある内腹斜筋を擦ります。「気持ちよく」と3～6回ほど言いながら、全身に気持ちよさが広がるように心を込めてていねいに擦ります。

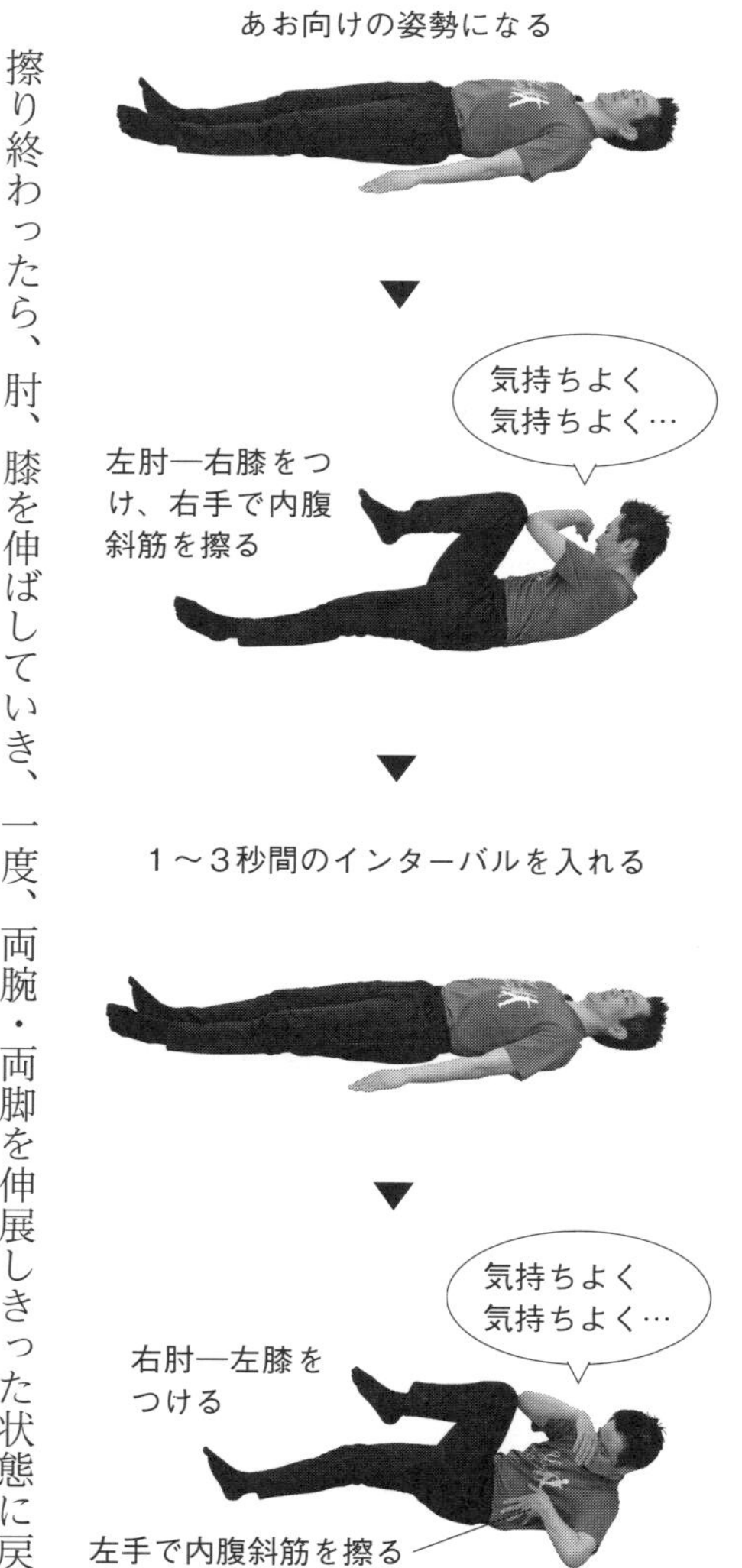

擦り終わったら、肘、膝を伸ばしていき、一度、両腕・両脚を伸展しきった状態に戻

り、1～3秒間のインターバルを入れましょう。

右クロスも同様に行い、以上を1セットとして3セット行います。

⑥クロス腹筋　外腹斜筋バージョン

ここまでと同じ腹筋動作をしながら、手で反対側の腹直筋のそばから脇腹までを擦ると外腹斜筋バージョンになります。左クロスの場合、お腹の前面を通り過ぎて左側の腹直筋の外側から脇腹までの部分です。

左クロスで左肘と右膝をゆっくりくっつけます。

クロスした姿勢のまま視線をヘソに置き、3～6回ほど「気持ちよく」と唱えながら右手で左の外腹斜筋を擦ります。全身に気持ちよさが広がるように、心を込めて擦ってください。

擦り終わったら、肘、膝をゆっくり伸ばしていき、一度、両腕・両脚を伸展しきった状態に戻り、1～3秒間のインターバルを入れます。

右クロスも同様に行い、以上を1セットとして3セット行います。

もし、腹筋がひきつれるように感じたり、痛みを覚えたりしたら、肘と膝をくっつけず、数㎝まで近づけて行うようにしても構いません。ケガだけは避けましょう。

また、④だけ（もしくは④と⑤だけ）で終えるなどしてもいいのですが、終わったら「その場歩き」で自分の身体がどのように変わったかを観察してください。

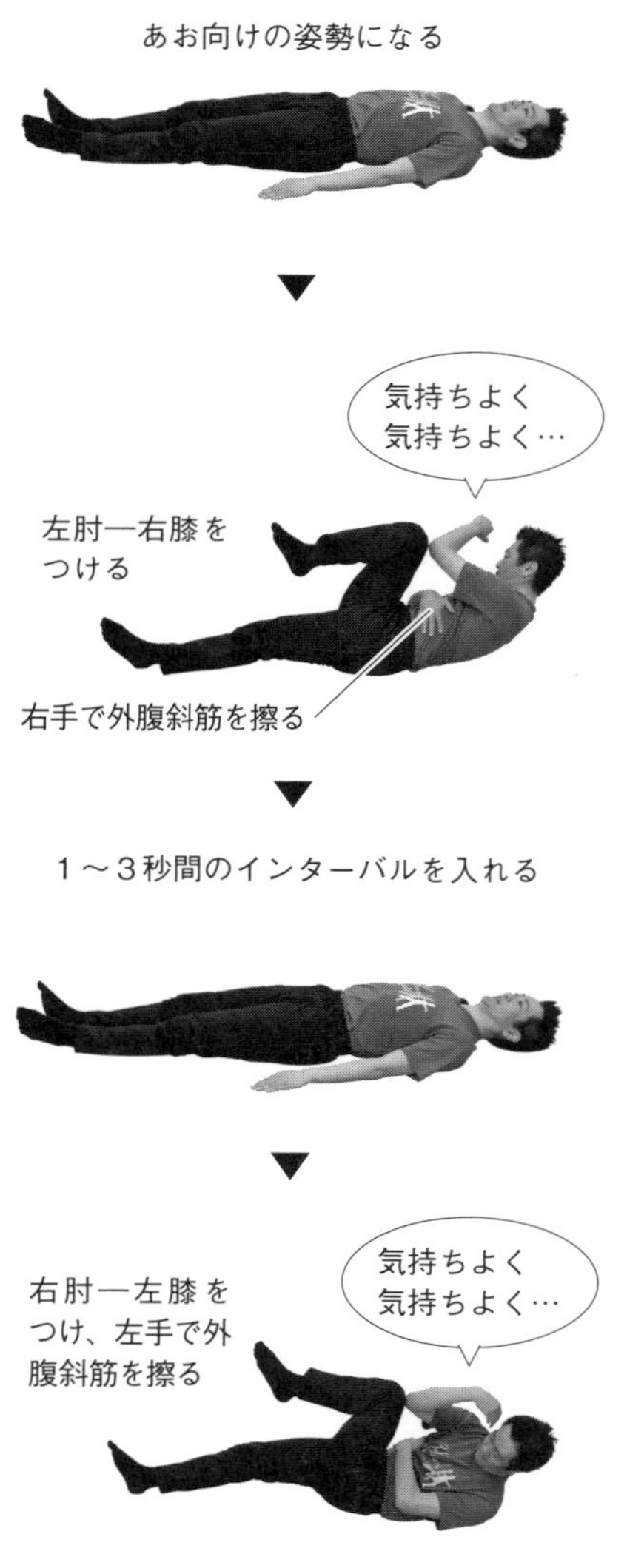

ラフ筋トレにならないように注意

腹筋運動の途中でその動作を止めて、「気持ちよく」と3~6回ほど言いながら腹部を擦るのは、けっこうしんどいことでしょう。外腹斜筋バージョンがとくにきついということもあり、ここに至るまで正しく取り組んでこられた人は、おそらくかなり手応えを感じると思います。

しかし、呼吸を止めて「グワーッ」とうめくような、そんながんばり方をすると、ラフ筋トレになってしまいます。「気持ちよく」という操作言語による**「言語緩解法」**と、擦り動作による**「擦動緩解法」**の2つを駆使することで、レフ化に努めてください。また、すべての作業を美しいシルバーの地芯上空で行うと、レフ化の効果がさらに高まります。

ラフなクロス腹筋を行うと、主働筋である腹筋群も力みが増し、背中のたくさんの筋肉や、肩関節、股関節まわりの筋肉もことごとく力んで固まってしまい、歩行運動をはじめ、すべての運動が滑らかさ・伸びやかさ・しなやかさを失って動きづらさが増します。軸も縮んで曲がり、地芯への「乗り」が失われ、知的バランスも悪くなります。

それに対し、レフなクロス腹筋では、地芯に乗って軸が通り、全身のすべての筋肉も脱力緩解を進め、すべての動きも気持ちよく、滑らかに、かつ伸びやか・しなやかになり、メンタルも快適になるでしょう。

2 ヘソ軸腹筋（ヘソ垂軸肘膝吸着腹筋）

①全身をほぐす　擦動緩解法

まずは、その場歩きを行い、自分の身体の状態を味わいましょう。

そのあと、美しいシルバーの地芯上空６０００kmでパイルカーペット（または絨毯やヨガマット）の上にあお向けに寝ます。

自分の両肘と両膝を、可愛がるように擦りましょう。

まずは右手で左肘を可愛がるように擦ってください。

右肘も左手で可愛がるように擦ります。

次に両手で左膝を可愛がるように擦ってください。

同様に右膝も、両手で可愛がるように擦ります。

その場歩きをしたあと、
あお向けに寝る

▼

肘を可愛がるように擦る（両肘とも行う）

▼

膝を可愛がるように擦る（両膝とも行う）

②クロス腹筋揺振（ようしん）バージョン

一度、両腕・両脚を伸展した状態になりましょう。

では、ここから、ヘソ軸腹筋の準備のための、クロス腹筋揺振バージョンに入ります。

まずは左クロス。「ブチュー」と言いながら左肘と右膝をくっつけます。

左腕と右脚をていねいにプラプラさせてゆるめながら寄せていき、肘―膝が接触したら接触をキープしつつ、3秒間プラプラを続けます。

そして「ブチュー」と言いながら元の伸展状態に戻り、1～3秒間のインターバルを入れましょう。

次に右クロスです。「ブチュー」と言葉にしながら、右肘―左膝を右クロスのときと同様に寄せて接触させ、接触をキープしつつ、3秒間プラプラを続けます。そして「ブチュー」と言いながら元の伸展状態に戻り、1～3秒間のインターバルを入れます。

ここまでを1セットとして、3セットくり返します。事前に肘と膝を擦ると動きが変わるのがわかるでしょう。全身が楽に連動して、肘と膝がスッとくる感じがするはずです。

両腕・両脚を伸ばした状態になる

▼

ブチュー

左肘―右膝をつけて腹筋運動。3秒間プラプラを続ける

▼

ブチュー

声を出しながら元の姿勢になり、1～3秒おく

▼

ブチュー

右肘―左膝をつけて腹筋運動。3秒間プラプラを続ける

③ヘソ垂軸を通しブチュー腹筋を行う

今度はヘソに垂軸を通します。

具体的には、ヘソの真上に片手を持ってきて、その人差し指もしくは中指を天に向けます。そして自分のヘソに美しいシルバーの地芯上空６０００kmに垂軸が立ち上がり、抜けていくのを感じてください。右手と左手で交互に、何度も行うといいでしょう。

まず片手を
ヘソの位置へ

▼

指でヘソを押さえ
位置を確認。ここ
に軸を通す

▼

指をヘソの位置から
ずらさないように天
を指す

▼

ここまでと同様の
手順でもう片方の
手でも同じことを
行う

人差し指に比べると中指のほうが
垂軸を通す効果が高い

このように垂軸を通したら、その軸上で肘と膝がくっつく1点を想像します。垂軸上のある1点に肘と膝がキュッと吸い寄せられるところをイメージしつつ、左クロス（左肘―右膝）から始めましょう。まず右手で左肘を擦ります。そして両手で右膝を擦ります。もう一度、左手人差し指もしくは中指でヘソに垂軸を通し、軸のイメージを維持したまま、「ブチュー」と言いながら左肘と右膝を正確に垂軸上でくっつけます。そして3秒間その状態をキープし、②と同様に左腕と右脚をプラプラし続けてください。

次に「ブチュー」と言いながら元の伸展状態に戻り、1～3秒間のインターバルを入れましょう。

その後、右クロスも同様に行い、以上を1セットとして3セット取り組みます。

両腕・両脚を伸ばした状態になる

▼

垂軸上で左肘―右膝を正確につけて３秒キープしながらプラプラし続ける

ブチュー

▼

声を出しながら元の姿勢になり１～３秒おく

ブチュー

▼

今度は右肘―左膝をつけて３秒キープしながらプラプラし続ける

ブチュー

この方法は、ヘソ垂軸上で正確に肘と膝をくっつけること自体が難しいのですが、そこにさらにプラプラ運動を加えて、この垂軸上の肘・膝接触を3秒のあいだ正確にキープし続けるとなると、美しいシルバーの地芯から立ち上がるセンターを、ヘソ垂軸にピタッと重なるように通すことがどうしても必要になってきます。その点で、クロス腹筋とは次元が異なる筋トレであるとご理解ください。

全身の筋肉が脱力緩解を増していくなか、脊椎に関わる最重要の深層筋系列である大腰筋、横隔膜(筋)*、多裂筋、長・短回旋筋などが鍛えられることで、強力な軸と体幹力が開発され、心身ともに強靭化が進みます。

④四足(しそく)地芯乗りで立ち上がる

③を3セットくり返したら終了して立ちますが、ただなんとなく立つのではなく、**「四足地芯乗り」**で立ち上がりましょう(180ページの写真を参照)。

まず、左膝を90度に立てて、右回りにコロッと身体を回して、うつ伏せから四足になります。

次に四つん這い(四足)になり、左右どちらでもいいので片足を前方に抜き、その足で美しいシルバーの地芯に乗って、その地芯を押しながら立ちます。

*著者がトレーニングの対象として横隔膜を取り上げる場合には、操作性を高める狙いから「横隔膜筋」と呼ぶことが多い

四足地芯乗り

❶

片膝を直角に立てる（写真は左膝だが、左右どちらでもよい）

▼

❷

左膝を立てた場合は、右側へと大きく倒して身体をねじる

▼

❸

身体を完全に反転させて、一度うつ伏せの姿勢になる

▼

❹

四つん這いの姿勢をとる

▼

❺

片足をゆっくり前に出し、その足で地芯を押すように立つ

▼

❻

地芯に乗りながら残った足を前に寄せて直立する

両足をそろえ、直立したら終わりです。

立ち上がったらその場歩きを行い、身体の感覚を味わってみましょう。

可能なら本当に歩いてみてもいいと思いますが、ヘソ軸腹筋がうまくできていれば、格段に軸（垂軸と体軸）が通り大腰筋主働になるので、素晴らしく楽に、かつ力強く、「動きやすい」「軽快に歩ける」と感じるはずです。

3 センター串刺しフロントプッシュ

①身体をゆるめ、軸を通して準備

積極的脱力

「その場歩き」で身体の感じを確認しましょう。

次に、美しいシルバーの地芯上空６０００㎞で立ち、筋トレのレフ化の1番目の方法、全身の点検脱力（硬縮がないか確認しながらゆるめること）を行います。

肩→胸・肋骨（ろっこつ）→上腕（肘から肩の間）の順で、以下、やり方を説明していきます。

【肩まわり】

左の肩まわりを右手で擦ります。心を込めて「気持ちよく」と言いながら3～6回ほど行います。その際、同時に両脚の股関節をさりげなく意識し、左右に5～10㎝程度、ゆっくりと揺動させてください。この揺動も、いわば〝土台〟として脱力に活（い）かします。

肩まわりから全身に気持ちよさが広がっていくイメージで行い、次に左手で右の肩まわりを同様に擦ります。

【胸と肋骨】

右手で左胸の大胸筋、胸骨、肋骨を擦ります。

皮膚から筋肉に気持ちよさが浸透するように、「気持ちよく」と言いながら3～6回ほど、全身に気持ちよさが広がるように行います。

肩まわりのときと同じく、美しいシルバーの地芯上空６０００kmに立った状態で、２つの股関節を左右にゆっくりと揺動させながら行うのが大切です。擦り終わったら、今度は左手で右胸まわりを同様に擦ります。

再び右手で左胸を擦りますが、今度は筋肉を通り越して肋骨が気持ちよくなるように、「気持ちよく」と言いながら3～6回ほど擦ります。右胸の肋骨も、左手で同様に擦ってください。

【上腕】

右手で左の上腕を擦りますが、肘関節を伸ばしたまま腕を45度くらいの角度まで上げて行いましょう。上腕の裏側にある上腕三頭筋が擦りやすくなるようにするためです。

擦り慣れてきたら左腕を挙上する力を少し減らします。すると右手に重みがかかります。これもレフ化の大事な工夫の一つです。

上腕骨まで気持ちよくなるように、気持ちよさが全身に広がるように、「気持ちよく」と言いながら3~6回、擦ってください。終わったら、左手で右の上腕を同様に擦ります。

積極的脱力

股関節を左右にゆっくりとゆらしながら両肩を擦る

▼

地芯に乗り、股関節を左右にゆっくりと揺動しながら両胸を擦る

▼

腕を45度くらい上げ上腕を擦る

「一面手法（いちめんしゅほう）」で軸を通す

【一面手法】

身体にセンターを通しますが、そのために「一面手法」を使います。次の手順でやってみてください。

手を開き、手のひらから5本の指（五指）全体を真っ平らにします。指の間は閉じます。

↓

両手を真っ平らにし、指先を床に向け、右手と左手を合わせます。両手の間に、1枚の面があるとイメージしましょう。

← 片手だけ数十cm離し、また手を合わせるという動きを、何度もくり返します。

これによって、イメージしている1枚の面がより平らになり、さらにその面が手のひらの大きさを越えて広々と拡大していくのを感じられるようにしていきます。

以上のようにひとつの面と化した手を**「一面手」**といいます。

一面手法

片手の手のひらと指を真っ平らにしておく

▼

もう片方の手も真っ平らにして左右の手を身体の前で合わせる

▼

平らな「面」をイメージしながら片手だけ数十cm離す

▼

離した手を元の位置に戻し、面のイメージを拡大しながらもう片方の手でも同様に行う

胸点（きょうてん）を見つける

では、腕立て伏せの動作のときにセンターが通る位置を特定しましょう。

まず、右手の一面手の親指側を、鎖骨のすぐ下に合わせるように胸に当て、さらにその小指側の下端に合わせるようにして、左手の一面手も置きます。

すると、左手の小指の端が、ちょうど胸骨の下端にくるはずですが、それが正しい位置となります。その正しい位置に両手が置かれた状態にあるとき、「胸の左右中央、かつ右手と左手の境目の位置」にある点、それが**「胸点」**です。

以上のようにして見つけた胸点が、串刺しフロントプッシュでセンターが通る場所となります。この位置はセンター串刺しフロントプッシュにおける胸点です。

ほかのトレーニング法でも胸点を使うことがあるのですが、その方法によって位置が若干違うことがあります。

胸点を見つけるのは、腕立て伏せ運動をするときに、できるだけ大胸筋全体を使うためです。胸点の位置は胸骨のちょうど中央にあたりますが、ここに軸が通ると、大胸筋の上部から中部、下部筋束までの多くの筋肉が参加しやすくなり、三角筋の負荷も軽くなるのです。

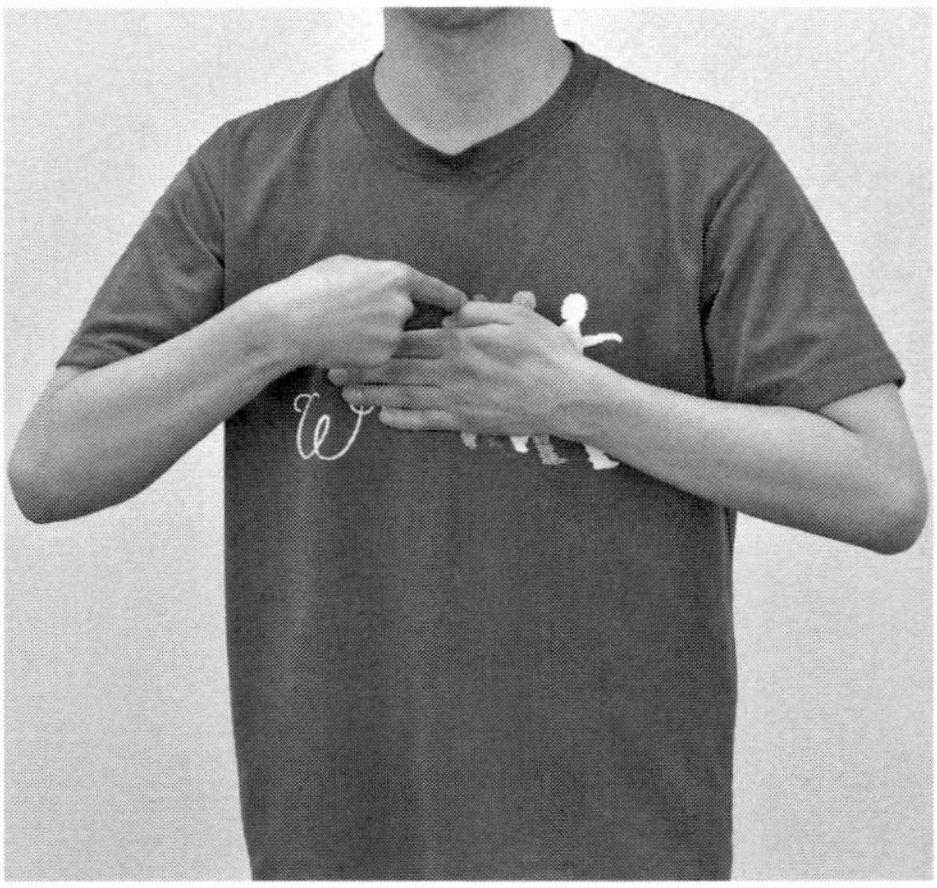

胸点とは

「胸の左右中央」かつ「２つの一面手のちょうど境目」にあるのが胸点。ただし両手が正しい位置にないと見つからない。下の一面手（上の写真の人物の場合は左手）の小指の端が胸骨の下端と一致するように注意したい

胸点を見つける

❶

一面手を鎖骨のすぐ下に合わせて当てる

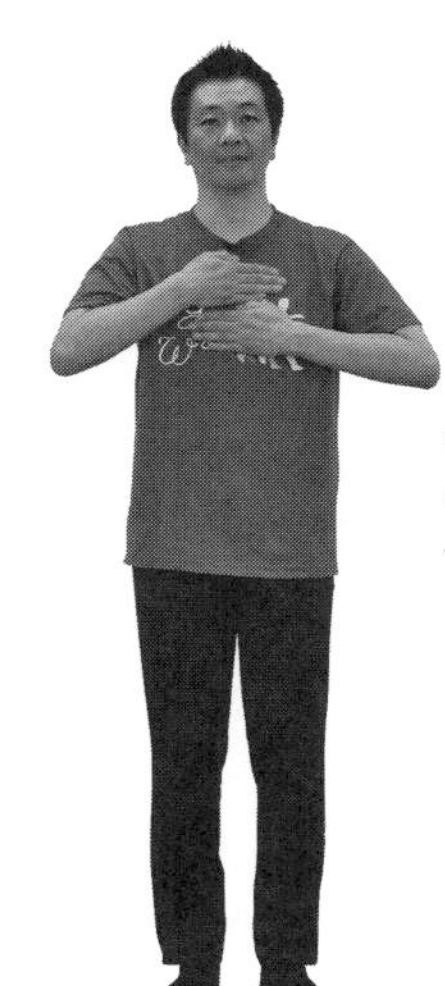

❷

もう片方の一面手も胸に置いて合わせる

❸

片手を離して胸点の位置を見つける

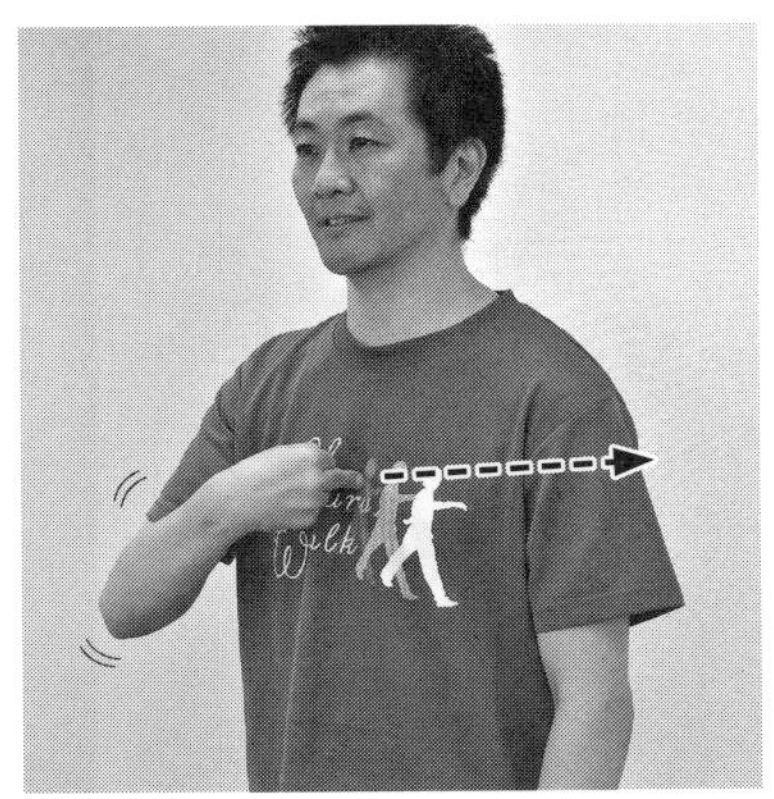

胸点の位置は、「ここだよ」「頼むよ」などと言いながら、指先でトントン叩いて確認する。意識が一直線に胸点から背中に抜け通っていくように意識して行い、「出力軸」を通す

②胸点の位置をしっかり確認

胸点を右の中指でトントン叩(たた)いてください。「ここだよ、ここだよ」「頼むよ、頼むよ」と言いながら心を込めて叩きます。

胸を突いている指先から、意識が一直線のラインとなって胸骨を突き通し、だんだん胸の奥まで伸びて背骨まで到達し、さらに背骨から背中の裏側まで届くように意識して行います。

次に、中指を胸骨に当てておいて、「くしざしー」と言いながらゆっくり突くように押してください。背中まで串が通るように行います。次に「くしざしー」と言いながら、反対に指を引き抜いていきます。

この「指で突き押す→指を引き抜く」を3回行います。

今度は「美しいシルバー」と言って胸点を突きます。背骨のさらに奥の背中側まで美しいシルバーの串が貫通し、しっかり通るように行います。「美しいシルバー」と言って引き戻します。

これも3往復行います。このようにして「出力軸」(109ページ参照)を通すのです。

③リハーサル1　NPSをとる

うつ伏せになると、自分の手・腕・体幹の位置関係がとらえにくくなるので、センター串刺しプッシュアップに入る前に、必ず立位で以下のリハーサルをしましょう。

まず、美しいシルバーの地芯上空6000kmで立ちます。

両足を握り拳一つぶん開き、その内法（足の内側の線）を平行にしてください。この立ち方が**「ナチュラル・パラレル・スタンス」**（略称**「NPS」**）です。

ウナ（脛骨直下点）と転子（股関節の中心）を結んだ直線（脚センター）が、左右両脚とも完全に平行で、かつ両足の内法が正面向きで平行になります。

NPSで立つ

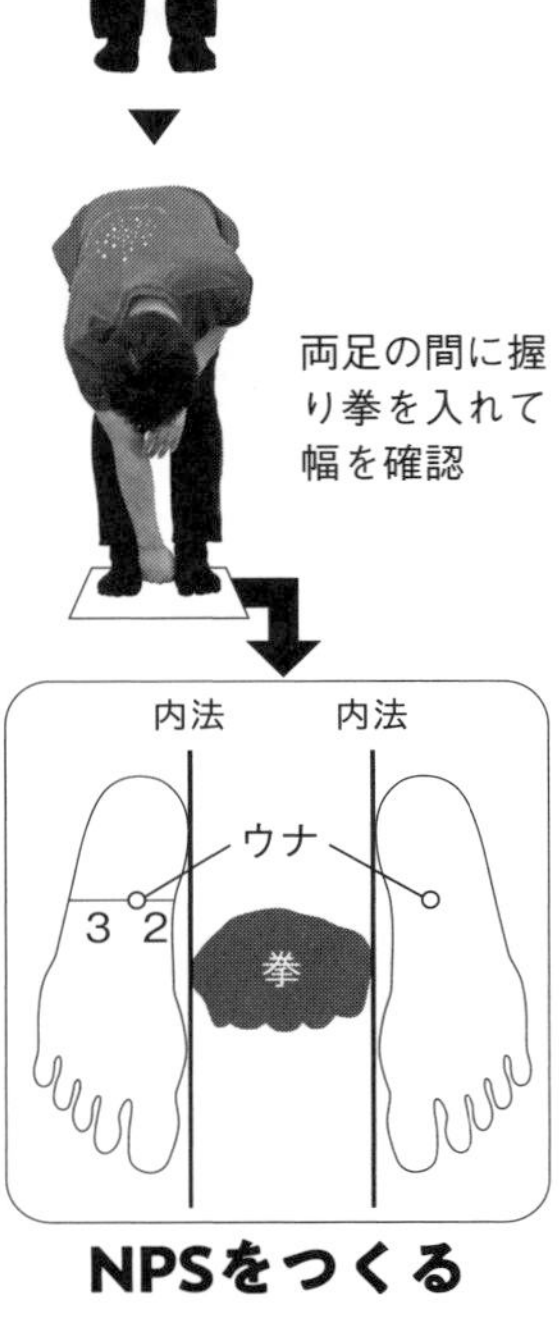

両足の内法が平行になるように立つ

両足の間に握り拳を入れて幅を確認

NPSをつくる

足の内側を通る線が「内法」で、ここが平行になるようにする

④リハーサル２　両腕の位置を決める

ＮＰＳのまま両腕の位置を決めますが、次の要領で順に行ってください。

①両手を肩幅に

両肘をできるだけ深く曲げ、両手を肩幅にとります。両手が肩関節の真ん前にくるよう、目視で確認して調整しましょう。

②手を外側へ動かす

指先を上に向けてまっすぐ伸ばしたまま、左右の手を、手のひら2つぶん外側に移動させます。

③センターを中心に手を傾ける

それぞれの手の指を外側に30度傾けます。中指の指先、指の付け根、手根骨、手首へと伸びる手のセンターを、垂軸に対し30度だけ傾けるといいでしょう。

④中指で胸点を確認

右手の中指で胸点をトントンと突いて確認します。その後、右の一面手を、手のひらを下に向けて水平にし、そのまま親指の側面を胸点に当てます。

⑤「胸点面」をつくる

水平にした右一面手の手のひらと、左手首が同一平面上に位置するように、左手の位置を上下させて調整します。基準となっているこの平面を「胸点面」と呼びます。

⑥胸点面の位置を身体に覚えさせる

右手を左方向に水平に動かして、胸点面と左手首の高さが合うかどうかを確認します。左手をゆっくり数cm上下動させて、胸点面の位置を左手に覚えさせます。

⑦肘を背中側へ起こす

左手首が胸点面にそろっていることをあらためて確認したのち、

肘を背中のほうへと起こしていきましょう。前腕が水平になり胸点面と重なるようにします。

⑧もう片方の手も同様に

ここまでと同じプロセスで、左手でとった胸点面を基準に、右手に位置を覚えさせ、肘を背中のほうへと起こして前腕と胸点面を一致させるところまで行います。

⑤リハーサル3　立位でプッシュ

両手の位置が左右対称で、かつ、手のひらのセンター（すなわち軸）が30度外側に開いているかどうかを確認してください。前腕は胸点面に一致するように水平にしたままです。この状態を堅持しながら、両手を前方にゆっくりと突き出します。

手が真正面に向かって進んでいくようにし、途中で手が外側に広がったり、内側に狭まったりしないように注意してください。

⑥リハーサル4　3回プッシュアップ

肘が伸びきった状態、これがセンター串刺しフロントプッシュのスターティングポジションになります。

スターティングポジションの感覚がつかめたら、今度は両肘を曲げていきましょう。プッシュアップを行っているつもりで取り組みます。

スターティングポジションから両肘を曲げていく

前腕や肘の位置が下がって水平でなくなってしまっていることに気がついたら、胸点面に重なった状態で水平の位置になるように戻します。⑤⑥でやった「肘を伸ばす↓曲げる」動きを3回行ったら、両腕を身体側に下ろしましょう。

⑦リハーサル5　揺動緩解運動で肩のあたりをほぐす

第4章の「7　筋トレ前後・途中でのルースニング導入」において一例としてとりあげた運動で、肩まわりをよくほぐします。

まず、「モゾモゾ」と言いながら肩まわりをモゾモゾと動かしてほぐしましょう。

続いて、「プラーン、プラーン」と言いながら、腕を前後に振ってください。だんだん大きく振りながら、「ゆるむように、ゆるみときほぐれるように」と声に出し、腕全体を緩解させていきます。

次は、「ユッサユッサ」と言いながら肩を上下にゆすりましょう。さらに前に回す動きを加えて、肩を上下運動から前回りにつなげるように「ユッサユッサ」と言いながら、どんどんゆるめていきます。

さらに下半身のバネを少し加えます。肩まわりの運動を助けてやるように「ユッサユッサ」とゆする運動を続けてください。

⑧リハーサル6　立位でもう一度プッシュアップ

肩まわりをほぐしたら、再び立位でプッシュアップです。②～④でやったように軸を通していきます。あらためて簡単に手順を書いておきましょう。

・右手か左手の中指で胸点に触れ、胸点面をもとに左右の手の位置を決めます。
・両手を、肩幅の位置から手のひら2つぶん、外へずらします。
・両手首の上端を胸点面に合わせ、手のセンターを30度外側に向けます。前腕は水平に。出力軸を通してください。胸点に軸を通していきます。「ここだよ、ここだよ」と口に出して言いながら、中指でトントンと胸点を突きます。そこまでできたら、スターティングポジションをとりましょう。

1セット目（3回）……「くしざしー」と言いながら

「くしざしー」と言っているつもりで息を吸いながら、肘を曲げていきます（体幹は手の動きとは逆に前へと動いていきます）。

肘を曲げきったら、「くしざしー」と息を吐きながら声を出して肘を伸ばしていきましょう（今度は体幹が手の動きとは逆に後退します）。

前腕を水平にしたまま、手の幅が変わらないように気をつけて行ってください。

スターティングポジションをとる

「くしざしー」と言っているつもりで息を吸いながらゆっくり肘を曲げる

以下、声に出す言葉を変えながら同様にプッシュアップする

2セット目（3回）……「シルバー」と言いながら

「シルバー」と言っているつもりで息を吸いながら肘を曲げていきます。水平方向に伸び

る美しいシルバーの軸が、胸点を気持ちよく通る——そんな意識をもちましょう。

肘を曲げきったら、今度は「シルバー」と息を吐きながらつぶやきつつ、肘を伸ばしていきます。美しいシルバーの軸が、先ほどとは逆方向に、気持ちよく貫通していきます。

3セット目(3回)……「地芯」と言いながら

水平方向の遠くに美しいシルバーの地芯を想像し、「地芯」と言うつもりで息を吸いつつ、その地芯に乗りながら落ちていくように肘を曲げていきます。

肘を曲げきったら、再び水平方向の遠くに美しいシルバーの地芯を想像します。そして「地芯」と息を吐きながら声に出して言いつつ、その地芯を押すように肘を伸ばしていってください。3セット目まで終わったら、⑦で触れた揺動緩解運動で肩のあたりをよくほぐしてください。ストレッチを挟むのもいいでしょう。

⑨フロントプッシュの準備

両腕水平直角変換

まず、床に手をつくまでをやってみましょう。写真のように**「水平行」**（両腕を肩幅で平行のまま、水平になるまで上げる）で体幹と直角の状態を保ったまま、おじぎをするように身体を落としていきます（これを**「両腕水平直角変換」**と呼びます）。

美しいシルバーの地芯が、自分のはるか下方で待っていると想像しましょう。

美しいシルバーの地芯上空６０００㎞にいる自分が、いま地芯に向かって落ちていく――そうイメージしながら、「落ちていく、落ちていく」とつぶやいてください。

両腕水平直角変換

腕と体幹は、常に直角です。また、両手の幅と肩幅を一致させましょう。股関節の回転により、体幹を床に向けて90度まで倒し、膝をついて手を床につけます。

身体の傾きに先行して、腕と体幹の角度が80度、70度……と狭くなる場合が多いのですが、それでは正確無比な身体使いとはいえません。角度が狭まったと感じたら、迷わず立位に戻ってやりなおしてください。

四足脱力統一体（しそくだつりょくとういつたい）をつくる

４本の腕と太腿（ふともも）が垂直かつ平行なまま四つん這いになりましょう。その姿勢で十分に脱力した状態が**「四足脱力統一体」**です。

できれば鏡やガラス窓に自分の姿勢を映してみて、前から見ても横から見ても腕が垂直であることを確認してください。

さらに、軸をイメージします。美しいシルバーの地芯上空６０００㎞で、腕と脚、４本すべてに垂軸が通っています。前後左右どこから見ても腕・脚４本が完全に垂直で軸が通っていること——この軸を通すことが、レフ筋トレの重要なポイントなのです。

そのまま全身をダラーッと、思いきり深く脱力し、体幹を「モゾモゾ」とゆすります。固まっているところや力んでいるところがないかを点検しながら行います。

肩まわりや両腕の上腕、肘まわりもよくゆるめましょう。

肘抜き擦緩法を行う

ここで右手をいったん床から離し、左肘の外側（外肘）に当ててください。そして「抜けるように、抜けるように」と言いながら、ていねいに、心を込めて擦りましょう。上に、そして下に、それぞれ６～７㎝ほど手を動かして擦ります。

三角筋や大胸筋、さらには全身の筋肉や骨格にまで気持ちよさが広がるように、心を込めて擦ったら右手を床につき、今度は左手で、右の外肘を同様に擦ります。

余計なことを考えず、さりげなく行ってください。一所懸命に考えると心身が硬くなるので、かえってうまくいきません。意識をさりげなくコントロールするのが大事です。

左右の外肘を交互に、全身に抜け感が行き渡るように、ていねいに擦って、気持ちよさが心にまで浸透していくように行います。

そして、あらためて両手を床につき、右手と左手を交互に浮かしてはまた床につけて、その場で手で歩くような動作をしてみましょう。

手が床からスッと楽に離れ、床に着くときは腕が一本の棒であるかのごとくストンと落ち、そのまま体重が支えられる。でも重くはなく、負荷が減り「よく通る」感じがしたら、レフ化ができている証拠です。

さらに、両腕だけでなく、太腿までもがスッキリして、ストンと通った感じがすると感じられた方は成功です。**上半身の優れた変化は下半身にも伝わります。上半身がほぐれれ**

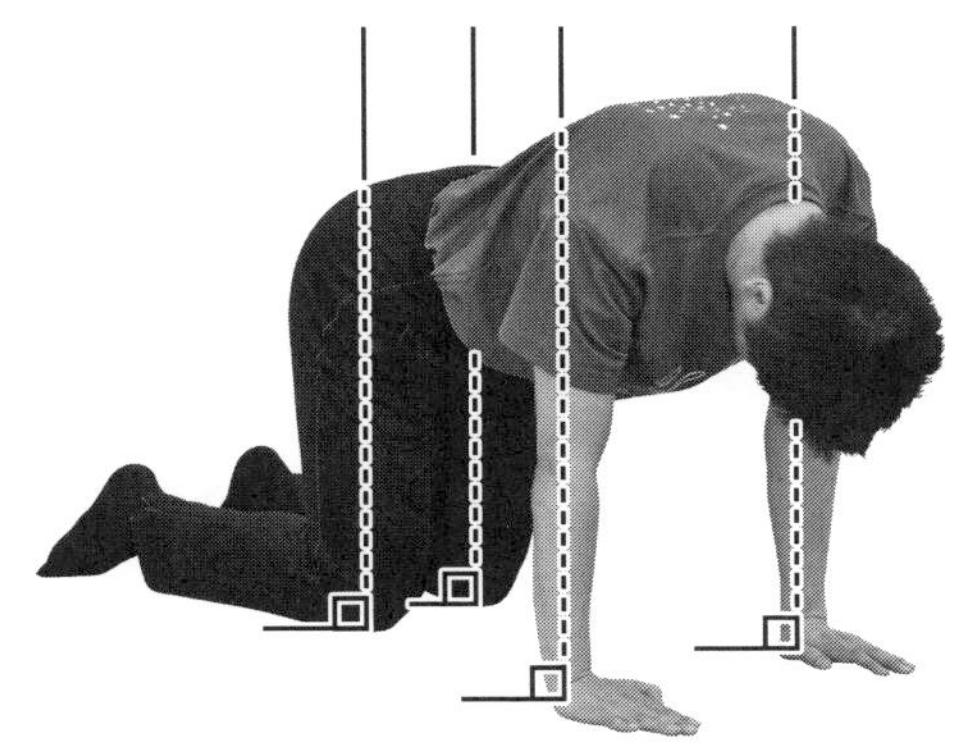

四足脱力統一体

両手脚が平行で、床との角度が直角になるように手・膝をつき、「モゾモゾ」と声を出しながら体幹をゆすって深く深く脱力していく

四肢同調性の確認

両手を交互に上げてみる

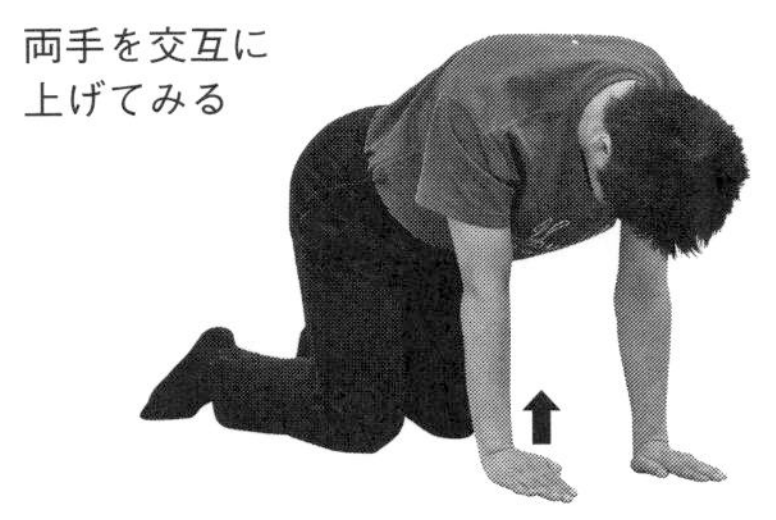

▼

スッキリするまで何度か行う

肘抜き擦緩法

左右の肘を交互に擦る

▼

全身に心地よさが広がるように

ば、下半身もほぐれるのです。これが「四肢同調性」です。

⑩センター串刺しフロントプッシュを行う

それでは、いよいよセンター串刺しフロントプッシュを行います。

姿勢の調整

まずは、膝を後ろへ20㎝ほど動かしましょう（膝を後退させる距離が大きくなるに従って、腕への負荷が大きくなります。各自で動かす距離を調整してください）。太腿の軸が垂直に対しておよそ45～60度の角度になるようにしてください。この角度はだいたいで結構です。

次に、立位のスターティングポジションのときと同じ手の位置になるよう調整します。

手を、手のひら2枚ぶんほど肩幅より外へ置きなおし、さらに手を30度外側に開きます。

そして、胸点を右手か左手の中指で「ここだよ、ここ

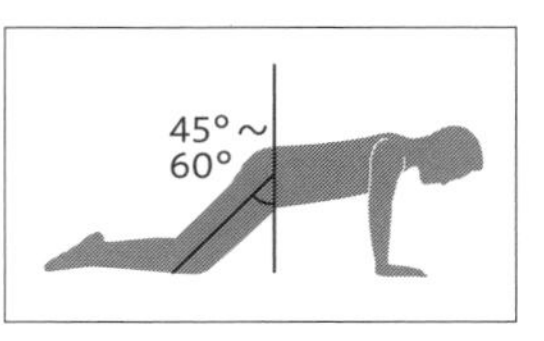

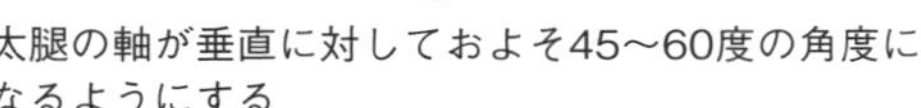
太腿の軸が垂直に対しておよそ45～60度の角度になるようにする

だよ」とトントン突いてください。

腕は、真横から見たときに床に対してほぼ垂直になるようにします。左右に胸点面が広がっているとイメージして、両腕がその面と重なるようにしましょう。そこまでできたら、次の動作に移ります。

プッシュアップ

ここから腕立て伏せの動作に入りますが、どれくらい深く肘を曲げるかは負荷にかかわるので、各自にとって適切な深さにしてください。3回を3セット行います。

1セット目は、「くしざしー」と言っているつもりで息を吸いながら肘を曲げます。そして実際に「くしざしー」と声に出しながら肘を伸ばします。以上を3回行います。

▼

息を吸いながら肘を曲げる

▼

▼

息を吸いながら肘を曲げる

全部で3回行ったら、言葉を変えて全部で3セット行う

２セット目は「シルバー」と言いながら行います。

「シルバー」と言うつもりで息を吸いながら肘を曲げ、次に「シルバー」と実際に言いながら肘を伸ばしていく、この運動を3回くり返してください。

３セット目、言葉を「地芯」に変えて、同じように肘を曲げ、伸ばす運動を3回行います。美しいシルバーの地芯上空６０００㎞の位置に自分がいるとイメージしつつ、美しいシルバーの軸が貫通していくところを感じながら肘を屈曲、伸展しましょう。手の位置や、腕・腿の角度はなるべく変えずに行ってください。

四足地芯乗りで立ち上がる

両太腿と左手、右手を元の90度垂直に戻します。つまり四足脱力統一体の姿勢です。

四足脱力統一体でストンと立てているでしょうか？　また、体幹はダラーッと脱力できていますか？　もしそうなっていたら、いまのプッシュアップはレフ化できていたということです。

では、四足地芯乗りで立ってください。詳しくは１８０ページで説明しましたが、あらためて説明すると、地芯上空６０００㎞のところに、右足か左足を置き、美しいシルバーの地芯をグッと踏みしめながら立ち上がります。

どちらかの膝関節の調子が悪い場合には、必ず反対脚のより丈夫な膝関節の足を使ってください。

このわずか1回の四足地芯乗りも、正確にやることで立派なレフ筋トレになります。

全身を脱力させつつ、美しいシルバーの地芯を足でちゃんととらえ、踏みしめて立ち上がることができれば、垂軸を出力軸化したレフ筋トレが1回行えたことになるのです。

腕立て伏せが終わる

▼

四足脱力統一体に戻る

▼

シルバーの地芯を踏んで立つ

▼

直立したら身体の感覚を確認

センター串刺しフロントプッシュをやって立ち上がった結果、スーッと立てていますか。筋肉や骨格の存在が、ピターッとスッキリ、そして力強く感じられているでしょうか。その場歩きをしてみましょう。気分はどうでしょう。視野が澄み、スッキリとしていて冷静で、すごく落ち着いていながらダイナミックな感じがするでしょうか。もしこのように感じられたら、いまの筋トレがレフ化して行えたということです。

レフ化して行えると、全身の脱力緩解が進む一方で、大胸筋、三角筋の前部、上腕三頭筋などの主働筋からも力みや無駄な硬縮が減り、筋力アップがなされていきます。

また、腕を体幹に直交させて通した軸が、立位になると背骨に沿うかたちで体幹のなかをスパーと通るようになり、腕、脚を含めた全身のバランスとコーディネーションが進むでしょう。

この、軸が直角に変換されて通る現象を**「水垂転換」**といい、レフ筋トレによってしか得られない画期的な効果となります。

4 TSスクワット（テーブル・サポートスクワット）

①立位でセンターを開発

まずは、その場歩きを行って、いまの自分の身体をよく観察してください。

それができたら、美しいシルバーの地芯上空6000kmに立ちます。

左足のつま先を1～2mm浮かせましょう。ただ浮かせるのではなく、左足の5本指で、パイルカーペットの毛足をソフトに、かつしっかりつかむようなつもりで行い、左股関節の中心（左の**「転子」**と呼びます）をクッキリさせます。浮かせたうえで、左足の踵をクルクル動かし、さらに転子をハッキリ、クッキリさせていきましょう。

左の手のひらを開き、親指を直角に立て「L」の形にします。これが**「L字手法」**（次ページ参照）ですが、その形を維持したまま、手を大転子に当てます。親指を前に出し、親指とほかの四指で前後から挟みこむようにしてください。

センターを開発する

❶

片足のつま先をわずかに浮かせて踵と股関節を中心に左足をクルクル動かす

❷

動かしている足と同じ側の手（ここでは左手）でL字手法をつくる

❸

L字手法の形を維持したまま手のひらを大転子（大腿骨の出っ張ったところ）に当てる

❹

反対の手で合指頭印か中指突出法をつくり、鼠径部（脚の付け根あたり）の中点を深く押す

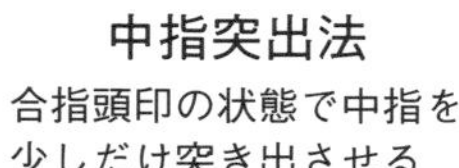

中指突出法

合指頭印の状態で中指を少しだけ突き出させる

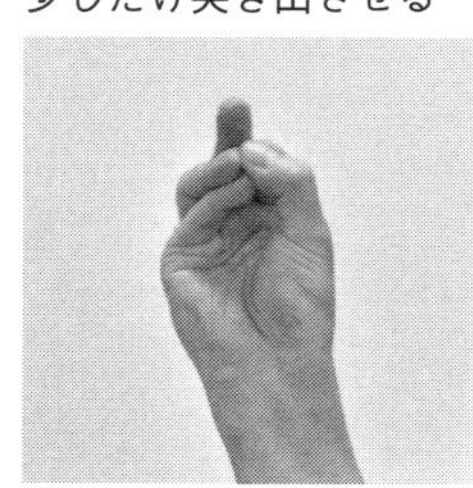

合指頭印

５本の指が一点に集まるように指先を寄せる

L字手法

一面手法から親指を立てて「L」の形にする

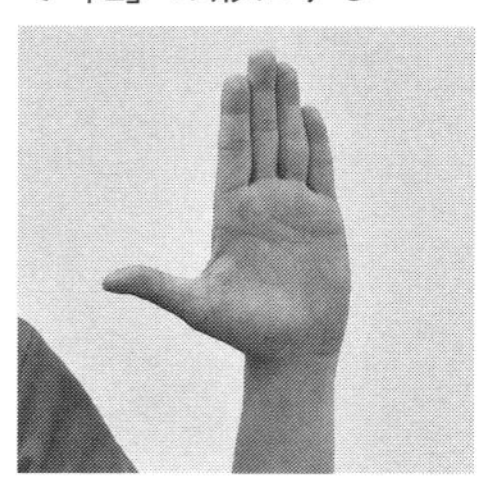

右手は**「合指頭印」**か**「中指突出法」**の形をつくり、左の転子がある鼠経部の中点を奥まで押してよく刺激します。

刺激しながら、踵と股関節を中心に、左足をクルクル動かし続けましょう。左の転子がハッキリクッキリして、転子を中心に上下に通る一線（**側軸**）が感じられたら、今度は、ここまでと同じ手順で右脚のセンターも開発してください。

次の動作に移る前に、仙骨の位置を確認しておきましょう。仙骨は臀部の中央にあります。腰に手を当てて下ろしていくと、お尻にさしかかったあたりにある1枚の板状の骨が仙骨です。その少し上に手をもっていくと、奥にへこんだ形になります。ここが仙骨の上端で**「仙骨上端点」**といいます。

今度は尾骨に指を当てて、少し上へ移動すると出っ張りを感じるはずです。それが、仙骨と尾骨の境界の「仙尾関節」です。ここが仙骨の下端で**「仙骨下端点」**といいます。

仙骨上端点と仙骨下端点

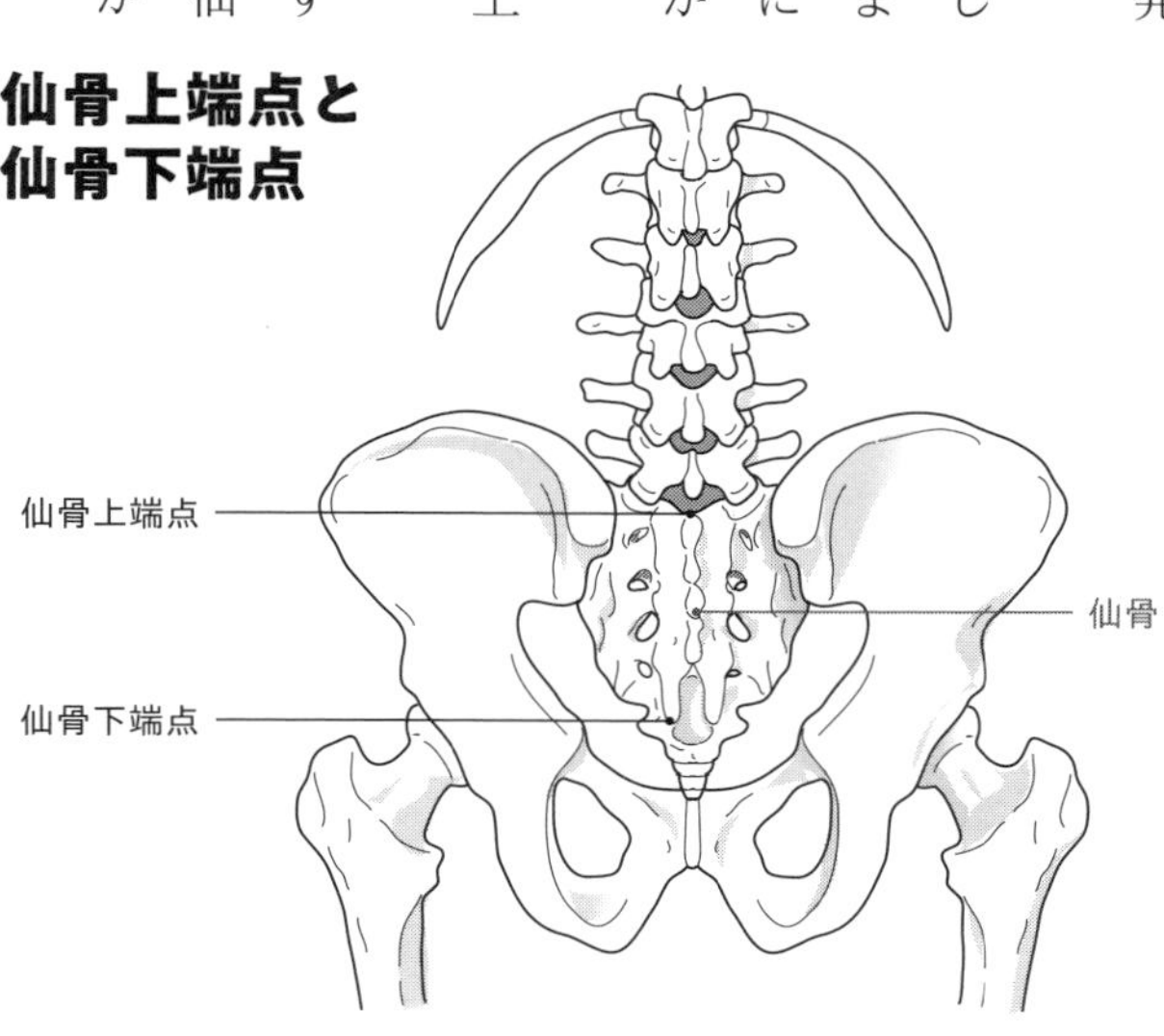

②椅子に座り足の位置を調整（0ポジション）

0ポジション

正面から

腰幅面のすぐ外側に両手の親指が沿う位置に手を置く
身体の脇を通り、腰の幅と一致する２つの平行な面（腰幅面）をイメージし、腕や足をそのイメージに合わせて配置する

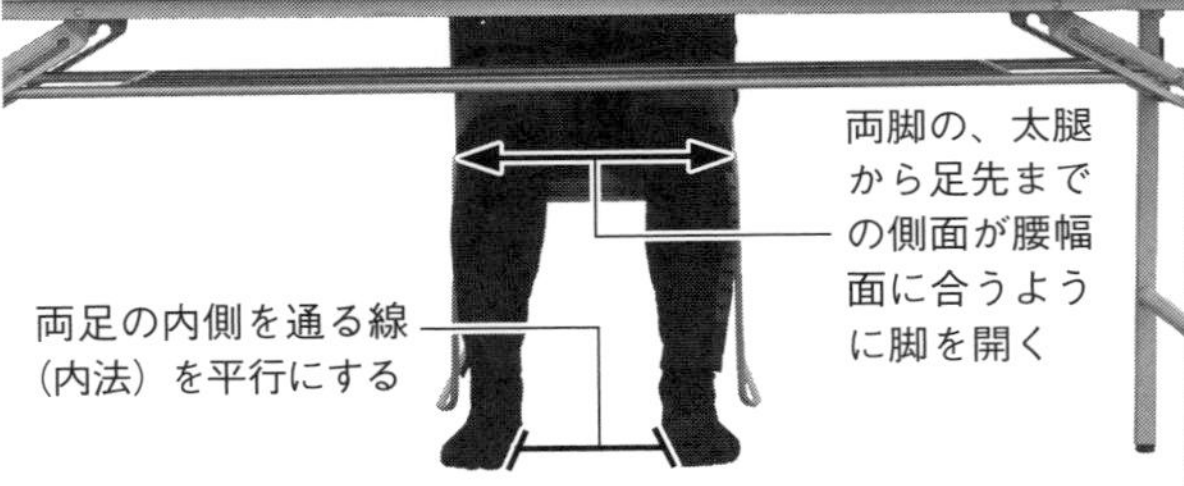

両脚の、太腿から足先までの側面が腰幅面に合うように脚を開く
両足の内側を通る線（内法）を平行にする

真横から

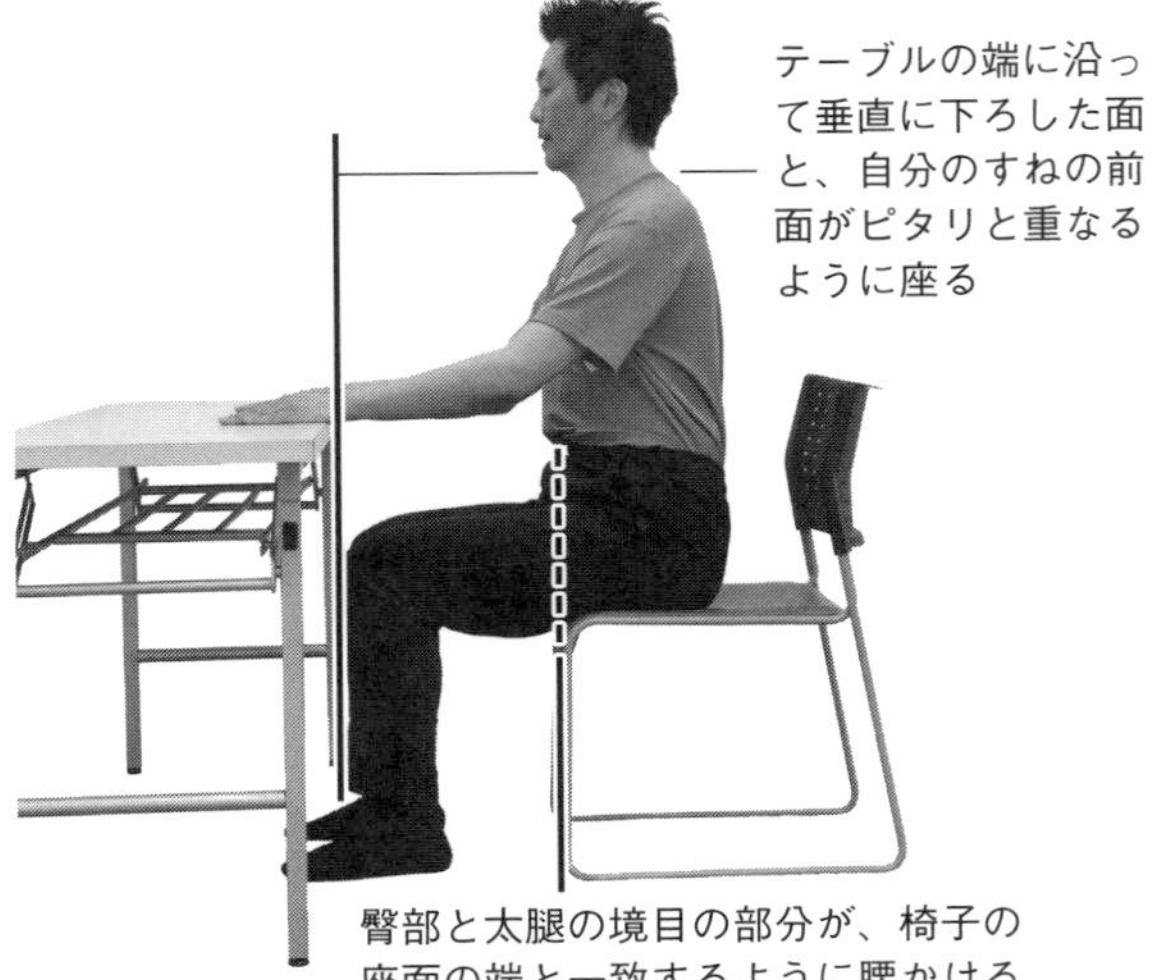

テーブルの端に沿って垂直に下ろした面と、自分のすねの前面がピタリと重なるように座る
臀部と太腿の境目の部分が、椅子の座面の端と一致するように腰かける

足の位置の調整

美しいシルバーの地芯上空６０００kmに乗って椅子に座り、手はテーブルの上に置きます。そのうえで、足の位置は右ページの写真のようにしましょう。この状態を**「0ポジション」**と呼びます。

胸点と額点を確認

次に、のどの下のへこみからみぞおちのすぐ上のところまでにある胸骨を3等分して上段、中段、下段にわけたところをイメージしてください。上から3分の1の点、言い換えると上段と中段の境目の中心にあるのが、ＴＳスクワットでの「胸点」となります。

また、眉間、すなわち眉根の2㎝ほど上の点を**「額点」**と呼びます。この胸点、額点が重要になるので、よく覚えておきましょう（姿見か、大きな窓ガラスに自分の姿を映しながら確認することをおすすめします）。

③お尻を浮かせていく

第1ポジションから第2、第3ポジションへ

0ポジションで座った状態から、お尻を浮かせていきます。

このとき、仙骨下端点を後ろへ、仙骨上端点を前へ突き通すつもりで矢印のような線をイメージしましょう。この矢印のようなイメージをもつことを**「ベクトルをかける」**と呼びます。仙骨は前に傾いていき、仙骨から腰椎にかけてが反り気味になります（このような意識操作を仙骨リード〔リード＝主導の意味〕といいます）。

腕で上体を支えたまま、体幹は前方へとせり出しますが、このとき仙骨から腰椎にかけての部分が丸まらないように、仙骨リードを維持しましょう。

座面からお尻が３㎝ほど離れた状態までできたら、それが**「第1ポジション」**です。

さらにお尻を上げていき、前腕を立てます。これが**「第2ポジション」**です。そこから上体を起こし、膝関節を伸ばした状態が**「第3ポジション」**です。

胸点、額点は後ろ方向にベクトルをかけておきます。仙骨下端点、上端点は、仙骨が水平に近いところまで前傾しているので、下端点は天井方向、上端点は床方向にベクトルがかかる仙骨リード状態です。

このときに仙骨から腰椎が丸まらないようにしてください。

④第3ポジションからスクワット開始

簡単に言うとTSスクワットとは、第3ポジションからスタートし「第3↓第2↓第3」とポジションを変える運動です。第3ポジションの状態ができたら、「通るように、通るように」と言いながら第2ポジションまで下降していきます。

胸点と額点を後方にベクトルをかけながら、仙骨下端点を斜め後ろ上方、仙骨上端点を前斜め下方にベクトルをかける仙骨リードで、第2ポジションに向かいます。

第2ポジションに至ったら、「通るように、通るように」と言いながら上昇して第3ポジションに戻ります。ここまでを1回とします。

5回から10回が1セットです。5回1セットから始め、筋力に自信のある人は10回を1セットにするといいでしょう。

⑤第4ポジションで終わる

5回~10回を1セットとして、それが終わったら上体を伸ばしきり、直立した**「第4ポジション」**の状態になります。

2セット目に移るときは、また0ポジションに戻り、第1→第2→第3の順で第3ポジションをつくってからスクワットを行いましょう。

第3ポジションから開始

▼

通るように
通るように

声を出しながら第2ポジションへと移る

▼

通るように
通るように

第3ポジションに戻り、ここまでで1回

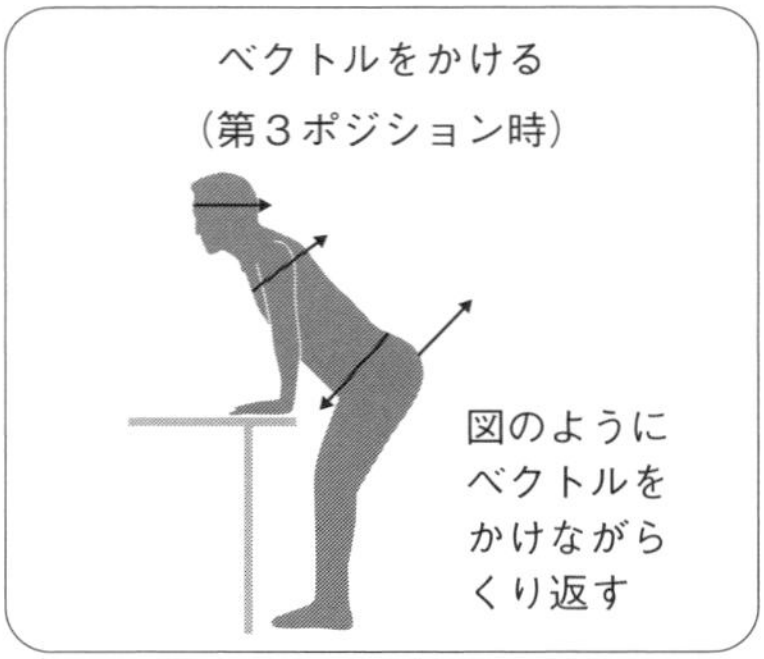

ベクトルをかける
(第3ポジション時)

図のように
ベクトルを
かけながら
くり返す

第3ポジションをとる

声を出しながら第2ポジションへと移る

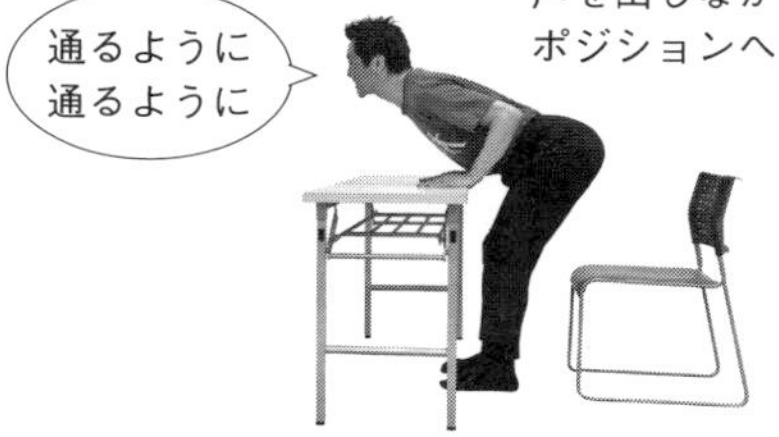

通るように
通るように

第3ポジションへと戻り、以上を5~10回で1セットとしてくり返す

通るように
通るように

1セットを終えるとき、最後は直立し第4ポジションをとる

とにかくレフに筋肉を使うのが大事なので、はじめは「5回=1セット」で2~3セットをていねいに行うことをおすすめします。

すべてのプロセスで美しいシルバーの地芯上空6000kmに乗って上昇・下降運動を続けることが最も大切です。

TSスクワットに期待できる効果

全身の脱力緩解が進むなか、主働筋である大臀筋、ハムストリングス、大腿四頭筋、腰背部の各筋群などが、力みと無駄な硬縮をとる方向で鍛えられるという効果が得られます。

さらに、腕・肩の筋力が四足動物に近い構造で参加することで、脊椎系の筋骨格を通した、上半身と下半身の圧倒的なコーディネーション能力が開発されるでしょう。

四足動物の地芯への「乗り」と軸の立ち上げ能力は、私たち人間の能力の遺伝的な〝源〟になっていますが、その四足動物の地芯乗りと軸の立ち上げの能力が開発されるのです。

5 Jスクワット（ジャパニーズスクワット）

①一面手法でセンターの開発

まずその場歩きを行って、自分の身体をよく観察してください。

それができたら、美しいシルバーの地芯上空６０００㎞で立ちます。美しいシルバーの地芯から立ち上がるセンターが背骨の前を通ります。

両手を身体の中央で合わせ、一面手法（１８５ページ参照）を行う姿勢をとります。次に左手の指先を上（天芯（てんしん））へ、右手の指先を下（地芯）へ向け、「スパー」と言いながら、美しいシルバーのセンターに串刺しにされているイメージをもちます。

続いて右手指先を上、左手指先を下に向け、「スパー」と言いながら、センターに串刺しにされているイメージをさらに深めましょう。

一面手法でセンターの開発

❶ 両手を身体の中央で合わせる

▼

❷ 一方の手を天芯へ、他方を地芯へ向けながら声を出す

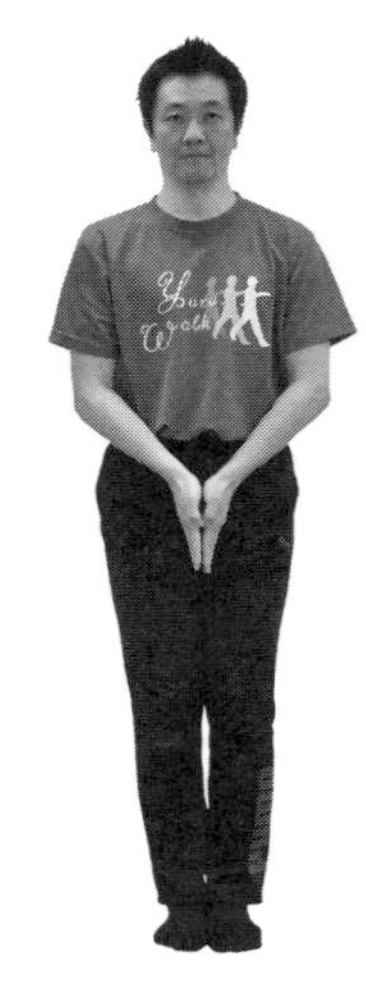

❸ いったん両手を合わせる

▼

❹ 再び左右の手で天地を指しながら声を出す

②股関節と転子をほぐす

左足の5本指でパイルカーペットの短い毛足をソフトかつしっかりとつかむように転子をクッキリさせながら、左足のつま先を1～2㎜上げ、さらにクッキリさせるように踵と股関節を中心にクルクル動かします。

転子をよりクッキリさせるために、左手をL字手法にして大転子に当て、右手で合指頭印か中指突出法をつくり、左の転子を刺激します。まわりの組織を巻き込みながら、さらに転子をハッキリ、クッキリさせて、踵と股関節を中心に左足を回転させてください。

反対側の右脚も同様に行います。

つま先をわずかに浮かせ片足をクルクル動かす

▼

片手をL字手法に（ここでは左手）

▼

大転子（大腿骨の出っ張ったところ）に当てる

▼

合指頭印か中指突出法で転子を刺激

③ウナの上で転子を上下させる

両脚とも終わったら、両手で合指頭印か中指突出法をつくり、両脚の転子を刺激しましょう。さらに、ウナの上で転子を上下動させます。

5㎜程度でいいので全身をゆっくりと上下動させてください。そうすることで、美しいシルバーの側軸（転子を中心に上下に通る軸）が刺激されます。

さらに、「スパー」「美しいシルバー」と言いながら、一面手法を使って、両手を交互に上下させて美しいシルバーの側軸を**サモン**（summon＝意識を呼び覚まして強くハッキリさせること）しましょう。

もう一度、合指頭印か中指突出法をつくり、両脚の転子を刺激してください。

ウナの上で転子を5㎜ほど上下動させつつ、再び「スパー」「美しいシルバー」と言いながら、左右の一面手を交互に上下に動かし、センターをサモンします。右手を天芯に向け、左手を地芯に向けます。

以上を、手を左右入れ替えながら、交互にくり返します。そうすると、美しいシルバーが地芯まで到達するでしょう。

シルバーの側軸をサモンする

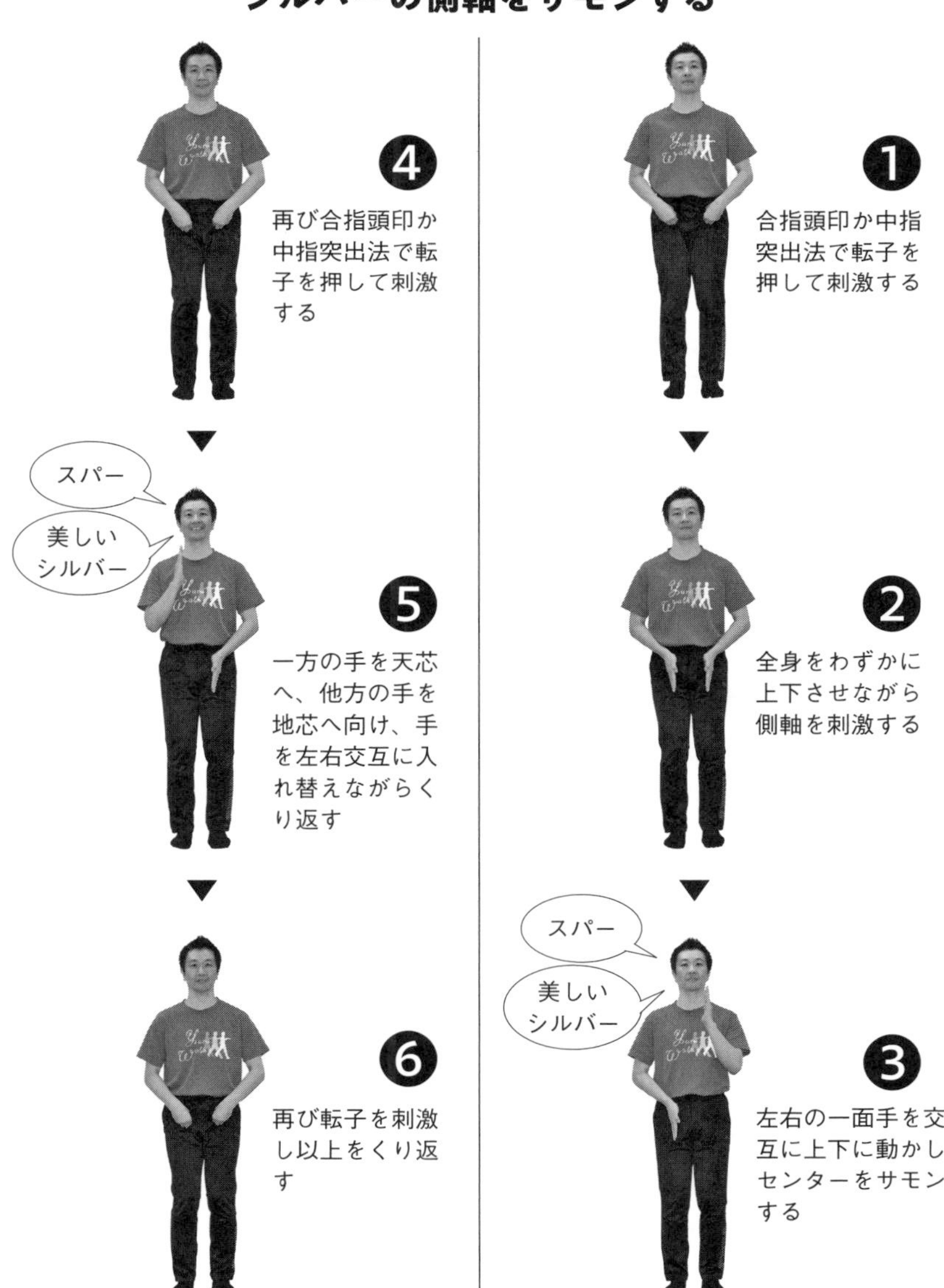

❶ 合指頭印か中指突出法で転子を押して刺激する

❷ 全身をわずかに上下させながら側軸を刺激する

❸ 左右の一面手を交互に上下に動かしセンターをサモンする

❹ 再び合指頭印か中指突出法で転子を押して刺激する

❺ 一方の手を天芯へ、他方の手を地芯へ向け、手を左右交互に入れ替えながらくり返す

❻ 再び転子を刺激し以上をくり返す

④Ｊポジションからスクワットへ

転子を突出しながら、Ｊポジションに入ります。

体幹を格定し（すなわち、フラつかないように固めて）、脚を開きます。両脚の前側腰がよく抜けるように両手で擦ります。

ウナ、そして膝の内側の面と裏側の面が交わる角（これを「内裏の角」と呼びます）を、両手の指でよく触ってください。両足は台形状になります。

Ｊスクワットでは、太腿が開き、腰を深く落としたときには膝から下が垂直に近くなります。

Ｊポジションで、腰が最も高い位置を０％、腰が最も下降した位置を１００％としたときに、40％の深さをとってください。この位置から始めます。

右手で天芯を、左手で地芯を指し、「スパー」と声に出しながら腰を落とします。深く落とすのではなく、転子を上下に1㎝、ゆっくりと上下動させましょう。

1㎝下降・上昇。この、「スパー」と言いながら1㎝上下する動きを、自分でいいと思えるまで何度かくり返したら、今度は左手で天芯を、右手で地芯を指し、同じことを行います。

⑤双一面手でスクワット

転子の前で、各々の手で一面手をつくります（両手がこのように離れて向かい合った状態を**「双一面手」**といいます）。

指先は真下へ向けて、6000km下の地芯まで意識を伸ばしましょう。その状態で腰を落とし、1cmだけスクワットを行います。

そのあとは、④と⑤を交互に行います。中央軸と側軸をサモンしつつ、スクワットの下降・上昇の高さを1cm→2cm→3cm→4cm→5cm……と1cmずつ増やしながらくり返しましょう（次ページの写真を参照）。

双一面手で意識を地芯まで伸ばす
そのまま腰を落としスクワット
元の位置まで腰を上げる
以降は呼び覚ます（サモンする）軸を変え、スクワットの高さを1㎝ずつ深くしながらスクワットをくり返す

３回を１セットとし、体力に応じて１～３セット行ってください。
終わったら、その場歩きを行って、身体がどう変わったかをよく味わってみましょう。

6 転子四股（しこ）

転子四股は、Ｊスクワットを行ったあとに連続して行うとよいレフ筋トレです。これだけをやっても意味がないので、必ず転子四股の基盤トレーニングであるＪスクワットを行ってから、この転子四股に入ってください。

以上を注意喚起したうえで、やり方の説明に入りましょう。

スクワットで、腰が最も高い位置にある場合を０％とし、腰を落として最も低い位置にあるときを１００％下降した状態として考えます。Ｊスクワットの開始ポジション（Ｊポジション）は、40％の状態にあたります。

転子四股は、この40％からさらに下降させた、60％の位置から開始します。動作としては、体幹を側方に倒しながら片足を上げ、そのあと下ろして元の位置に戻る運動を左右交互に行う、というレフ筋トレです。

①基準深度をとる

まずは、その場歩きを行い、自分の身体をよく観察します。

美しいシルバーの地芯上空６０００㎞に立っていることを意識します。

右手の中指突出法、もしくは合指頭印で右の転子をよく突擦してください。「ここだよ、ここだよ」と言いながら確認して行います。そして、左手の一面手法を使って、「美しいシルバー」と言いながらセンター、中央軸を上下になぞってください。

左手を左の転子前に戻して突擦し、今度は右手で一面手法を使って、センターを「美しいシルバー」と言いながらなぞります。終わったら右手も右の転子前に戻します。

Ｊスクワットの開始時の深さ（40％の深さ）からさらに5～６㎝下降させ、60％の深さをとってください。これが転子四股における基準となる深さ（基準深度）でスターティングポジションとなります。

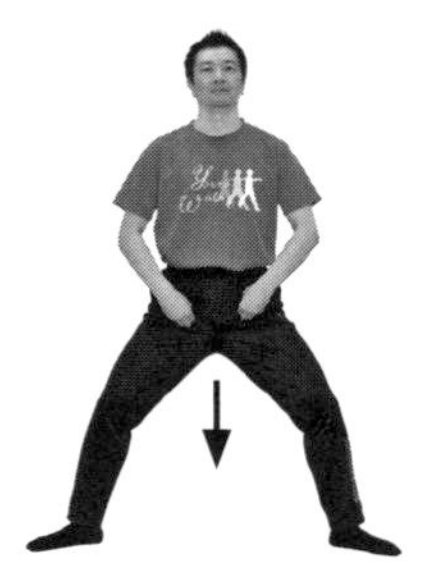

Jスクワットの体勢（Jポジション）から５～６㎝ほど腰を落とす

この状態を転子四股のスターティングポジションとする

このあとはまず右足で、次に左足で四股を踏みますが、なんとなく脚を上げて四股を踏んでもレフ筋トレにはなりません。

たとえば、右足で四股を踏むときは、両転子を左へ水平に1cm移動し、次に右の転子だけを1cm上昇させる動作をする、というふうに行います。

すなわち、「まず横へ、次いで上へ」と、1cm刻みで転子を移動させることで、単に脚を上げるだけのラフ筋トレをレフ筋トレに変えるわけです。

また、体幹と骨盤はグニャグニャさせずにきっちりと格定させて、左右に傾斜運動をくり返すことが大切です。合指頭印、中指突出法で両転子を突擦したまま、体幹を格定するのが難しいと感じられる人は、左右の大転子をL字手法をつくった左右の手で押さえて格定する方法もあるので試してみてください。

以下、説明します。

②四股を踏む（1段目）

転子四股の1段目は次ページのように行います。2段目以降も要領は同じです（なお、できるだけわかりやすくなるよう、次ページに掲載した写真と229ページの詳しい説明を対応させたので、適宜参照してください）。

転子四股の１段目

❻の後は左の転子を下げ、両転子を水平に左に動かして❶に戻る

❶まず基準深度から、左右の転子をよく意識しながら1cm上昇させます。
❷次に両転子を左へ1cmだけ水平に動かしましょう。
❸次いで左の転子を中心に右の転子を上方へ1cm動かします。

ここまで行うと右踵が浮き、身体の中央軸がわずかに左に傾くはずです。なお、右足のつま先は床についたままのはずです。

❹右の転子を1cm下げ、両転子を水平に右へ1cm動かします。すると、スターティングポジションの1cm真上の状態に戻ります。
❺続けて今度は、両転子を右に1cmだけ水平に動かします。
❻さらに、右の転子を中心に、左の転子を上へ1cm動かします。

今度は、左つま先がついたまま左踵が浮き、身体の中央軸がわずかに右に傾くでしょう。ここまでできたら、左の転子を1cm下げ、左右の転子を左へ1cm戻します。すると、❶の「基準深度から1cm上昇した状態」になるはずです。

スターティングポジションに戻る

では、左右の転子を1cm下降させ、基準深度に戻しましょう。ここがスターティングポジションだったわけですが、以降もこの位置が狂わないように心がけてください。

1段目の手順の最後に、センターを意識します。

左手を開き、一面手をつくります。そして「美しいシルバーのセンター」と言いながら中央軸をなぞり、左の転子前に戻します。右手でも同じことを行いましょう。

③四股を踏む（2段目）

左右の転子をよく意識しながら2cm上昇させます。

両転子を左へ2cm、次いで左の転子を中心に右の転子を上へ2cm動かします。右踵が浮き（つま先は床についています）、身体の中央軸がわずかに左に傾くはずです。

右の転子を2cm下げ、両転子を右へ水平に2cm移動してください。スターティングポジションの「2cm真上」の状態になるはずです。

身体が左に傾きスターティングポジションの2cm真上に戻るまで

では、両転子を右に2cm、右の転子を中心に左の転子だけを上へ2cm動かしましょう。

今度は、左つま先がついたまま左踵が浮き、身体の中央軸がわずかに右に傾きます。

続いて左の転子を2cm下げ、左右の転子を左へ2cm戻してください。

そして、左右の転子を２㎝下降させ、スターティングポジションに戻ります。２段目の締めくくりに、センターを意識しましょう。左手を開き、一面手をつくります。そして「美しいシルバーのセンター」と言いながら中央軸をなぞり、左の転子前に戻します。右手でも同じことを行ってください。

④四股を踏む（3段目）

左右の転子をよく意識しながら３㎝上昇させます。両転子を左へ３㎝、次いで左の転子を中心に右の転子を上へ３㎝動かしましょう。３㎝動かすと右つま先は床をやや左の方へとずり動き、一方、踵はさらに床から離れ、身体の傾きもハッキリしてくるはずです。

では、右の転子を３㎝下げ、両転子を右へ水平に３㎝移動してください。スターティングポジションの「３㎝真上」になります。

身体が左に傾きスターティングポジションの3cm真上に戻るまで

続いて、両転子を右に３cm、右の転子を中心に、左の転子だけを上へ３cm動かしましょう。今度は左つま先がずり動き左踵が浮き、身体の中央軸もハッキリ右に傾きます。

そこまでできたら、次に左の転子を３cm下げ、左右の転子を左へ３cm戻してください。

左右の転子を３cm下降させ、スターティングポジションに戻ります。一面手をつくり、「美しいシルバーのセンター」と言いながら中央軸をなぞりセンターを意識します。

⑤四股を踏む（４段目）

左右の転子をよく意識しながら４cm上昇させます。

両転子を左へ４cm、次いで左の転子を中心に右の転子を上へ４cm動かしてください。

右つま先はさらにずり動き、足底が床からさらに離れようとし、身体の傾きもいよいよ大きくなるでしょう。右の転子を４cm下げ、両転子を右へ水平に４cm移動しましょう。スターティングポジションの「４cm真上」になります。

身体が左に傾きスターティングポジションの４cm真上に戻るまで

では、両転子を右に４㎝、右の転子を中心に左の転子だけを上へ４㎝動かしてください。今度は左の足底が離れようとし、身体の中央軸が大きく右に傾きます。続いて左の転子を４㎝下げ、左右の転子を左へ４㎝戻しましょう。そして、左右の転子を４㎝下降させ、スターティングポジションに戻ります。最後に、一面手で「美しいシルバーのセンター」と言いながら中央軸をなぞり、センターを意識してください。

⑥四股を踏む（5段目）

左右の転子をよく意識しながら５㎝上昇させます。両転子を左へ５㎝、次いで左の転子を中心に右の転子を上へ５㎝動かしてください。右の足底はいよいよ床から浮き始め、身体の傾きもかなり大きくなってくるでしょう。では、右の転子を５㎝下げ、両転子を右へ水平に５㎝移動しましょう。スターティングポジションの「５㎝真上」の状態となります。

身体が左に傾きスターティングポジションの5cm真上に戻るまで

両転子を右に５㎝、右の転子を中心に左の転子だけを上へ５㎝動かしてください。今度は左足底が床から浮き始め、身体の中央軸もかなり大きく右に傾きます。

続いて左の転子を５㎝下げ、左右の転子を左へ５㎝戻しましょう。

そこからさらに左右の転子を５㎝下降させ、スターティングポジションに戻ります。

最後に「その場歩き」を行う

５段目が終わったら、膝関節・股関節を伸展させて立ち上がり、その場歩きを行ってください。身体の変化をよく観察してみましょう。

股関節の中心である転子がよりハッキリクッキリ明晰（めいせき）に感じられたなら成功で、その周囲の力みがとれながら、股関節周囲の腸腰筋、ハムストリングス、内転筋、外旋筋や、体幹を格定する胴まわりの多くの重要な筋肉が鍛えられているということです。

もっと一気に、大きく脚を上下させてもいいのではないか――そう思った方がいるかもしれません。

確かに、大きく脚を振り上げて行う四股は大きな負荷がかかるので、そのぶん効果が高そうに感じますが、それでは力みをさらに増大させるラフ筋トレになってしまうのです。

股関節は、人体のなかでいちばん重要な関節です。その周囲にある多種多様な筋肉を精密かつ絶妙に収縮・弛緩（しかん）させるため、転子四股では転子の精妙なコントロールによって脚

を高くする、というやり方をしているのです。

実際に1cm刻みで四股を踏むと、驚くほどたくさんの筋肉が連動的に使われていることがわかるでしょう。なお、すべてのプロセスで美しいシルバーの地芯上空６０００kmに乗り、立ち、座り続けることが最も大切であると付言しておきます。

転子四股に期待できる効果

全身の脱力緩解が進むなかで、仙骨を中心とした脊椎系の筋群と股関節まわりの筋群の強化が進みます。そのことにより、脊椎と中央軸、股関節と左右側軸が、ともに正確かつ強力に通ることになります。

特筆すべきは、股関節を左右に開放して使う〝腰割り〟効果により、内転筋系と外旋筋系の両方が理想的なバランスで筋力アップすることです。

強靭な動的安定力をもたらしてくれるのも、このJスクワットの特長です。なかでも転子を刻んで使う四股の動的バランスと安定力の効果は、他のどんな筋トレにも勝ると言えるでしょう。

7 ハイテク肩甲骨モゾ

ハイテク肩甲骨モゾの動作は、前章で紹介した「筋トレのレフ化」のなかの「1　積極的脱力」の項で触れた動作と同じです。これは本来、「レフ化の方法」として紹介すべきかもしれません。

しかし、この運動は、その効果があまりに深く高く豊かで、かつ一体的に取り組みやすいため、上半身の筋トレのほぼ全種目と一体化させたほうがいいと私は考えています。このため、あえて7番目で紹介することにしました。

①肩甲骨をときほぐす

まずは美しいシルバーの地芯上空6000kmに立って、その場歩きを行い、自分の身体をよく観察しましょう。そのあと美しいシルバーの地芯に乗ってあお向けに寝てください。

両方の肩甲骨を意識します。あお向けになると、背中側の筋肉はちょうど「肩甲骨と床の間にある」状態になりますが、その肩甲骨と床の間にある筋肉がよくときほぐれるように揺動緩解運動を行います。

「モゾモゾ」「よくときほぐれるように」と言いながら、肩甲骨をゆすり動かしてときほぐしましょう。

②肩甲骨と背骨の間の筋肉をときほぐす

次に、右の肩甲骨と背骨の間の筋肉（僧帽筋など）をときほぐします。「右の肋骨と床の間にある筋肉」をほぐすのだとイメージして行うといいと思います。「モゾモゾ」と口に出して言いながら、揺動緩解運動を行いましょう。

左の肩甲骨と背骨の間の筋肉も同様に行ってください。

大切なのは、ほぐれたりないところを探索して見つけることです。

肋骨や背骨、肩甲骨にへばりついている僧帽筋などの筋肉は、体表面において占める面積が大きく、厚みもあ

ときほぐす筋肉を変えながら、操作言語を発しつつ
揺動緩解運動を行う

ります。厚い僧帽筋をときほぐし、さらにその下にある菱形筋（りょうけいきん）をときほぐすつもりで徹底的に行いましょう。

③菱形筋をときほぐす

次は難しいのですが、肩甲骨と肋骨の間を左右いっぺんにやります。「モゾモゾ」「よくときほぐれるように」と言いながらときほぐします。僧帽筋の下に位置する菱形筋というインナーマッスルがあります。非常に大事な筋肉です。

この菱形筋が、その外側にあるアウターマッスルの僧帽筋に対してリーダーシップを発揮するようになると、優れたパフォーマンスを発揮できるようになってきます。

次に、右側だけをよくやってください。肋骨の動きを止め、右側の菱形筋をねらってそこがときほぐれるように行います。

そして、左側の肩甲骨と肋骨の間も同様に行います。

さらに、左右両方同時にやってみましょう。左右の肩甲骨ができるだけ違う動きをするようにやってください。そのときに両手で肋骨を触って、肋骨が動かないようにすると行いやすくなります。

次に、徐々に肋骨を参加させていきます。肋骨を少しずつ動かし、だんだん大きく動かすようにしてください。

④肋骨だけを動かしてときほぐす

最後は、さらに難しくなるのですが、肩甲骨を動かすことなく、肋骨だけを動かしてください。肋骨が「よくときほぐれるように」動かしていきます。

⑤「四足地芯乗り」で立つ

これから立ち上がりますが、その前に少し腰を浮かして手を背後に回し、骨盤を触ってみてください。骨盤はいくつかの骨が組み合わさってできています。左右に最も大きく張り出しているのが腸骨で、左右の腸骨の中央にあるのが仙骨です。腸骨と仙骨の位置を確かめたうえで腰を床につけ、揺動緩解運動でよくほぐしましょう。

必ず、「よくときほぐれるように」と言いながら行います。

では、立位に戻りますが、「四足地芯乗り」で立ちましょう（詳しくは180ページで説明したので、ここでは概略にとどめます）。

まず右回り（左回りでも構いません）にコロッと回って四つん這いになります。左右どちらでもいいので片足を抜き、その足で美しいシルバーの地芯に乗って、その地芯を押しながら立ちます。

両足をそろえ、直立したら終わりです。その場歩きを行い、身体の感覚を味わってみましょう。

いろいろなバリエーションがある

「ハイテク肩甲骨モゾ」には、あお向け以外にも立位、座位、壁支位（かべしい）（壁にもたれる）で行う方法があります。

最初は壁支位かあお向けでやるのがおすすめです。壁や床が肩甲骨に当たる感覚を手がかりにすると、肩甲骨が非常に意識化しやすくなるのです。

壁にもたれかかって行う場合は、壁と踵の間は一足長半くらい、すなわち、壁と踵の間に自分の足が1つと半分ばかり入る程度に離しておくのが最適です。また、「肩甲骨（あるいは肋骨）と、壁の間にある筋肉をほぐす」というイメージで行うことになります。

すべてのプロセスで美しいシルバーの地芯上空6000kmに乗り、立ち、そして寝て……を続けるよう努力してください。

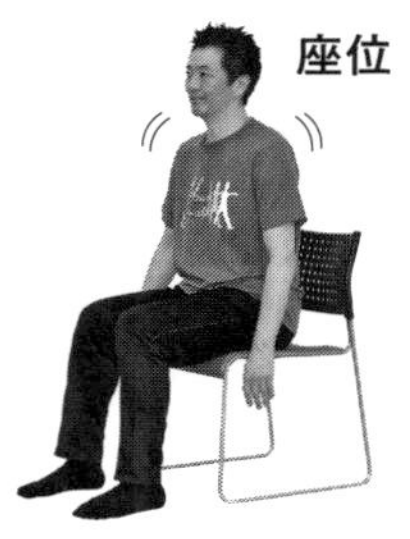

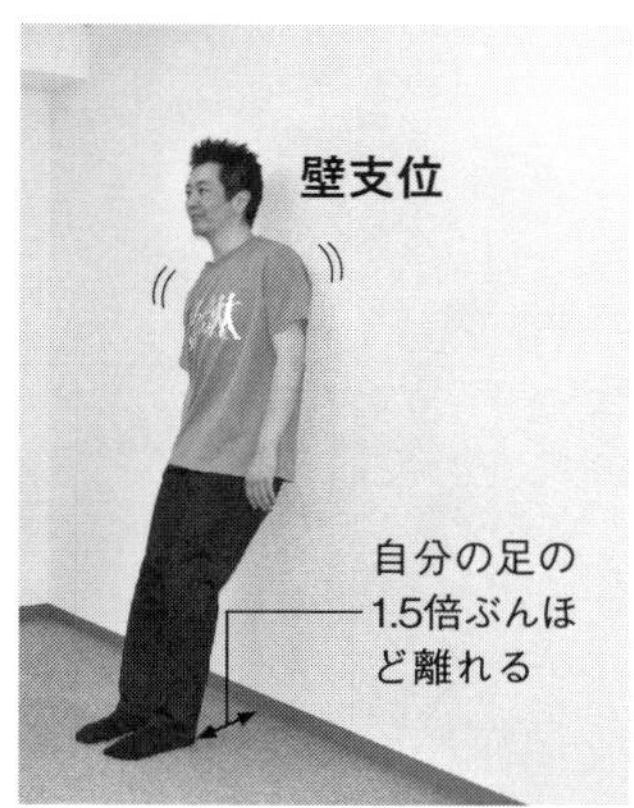

「ハイテク肩甲骨モゾ」を行うと、上半身のすべての筋肉の脱力緩解のもととなる、肩甲骨、肋骨、背骨に関わる筋群の深い脱力緩解が進みます。地芯に乗って行うことで、コーディネーション効果が下半身にまで及び、これだけでも十分な動きの改善と健康増進の効果が期待できます。

8 長座腕支肩甲上下法（ちょうざわんしけんこうじょうげほう）

①床に「長座」で座る

まず、美しいシルバーの地芯上空６０００㎞に立ち、その場歩きを行って自分の身体をよく観察します。

次に長座をとってください。長座とは、上半身を起こし、両脚を伸ばして床に座った姿勢です。手は臀部よりやや後ろにつきます。「腰幅＋手のひら一つぶん」ほど離して、床に置きましょう。指先は真正面から45度の方向へ向けます。手首が悪い人は、負担のない角度で構いません。

長座をとる

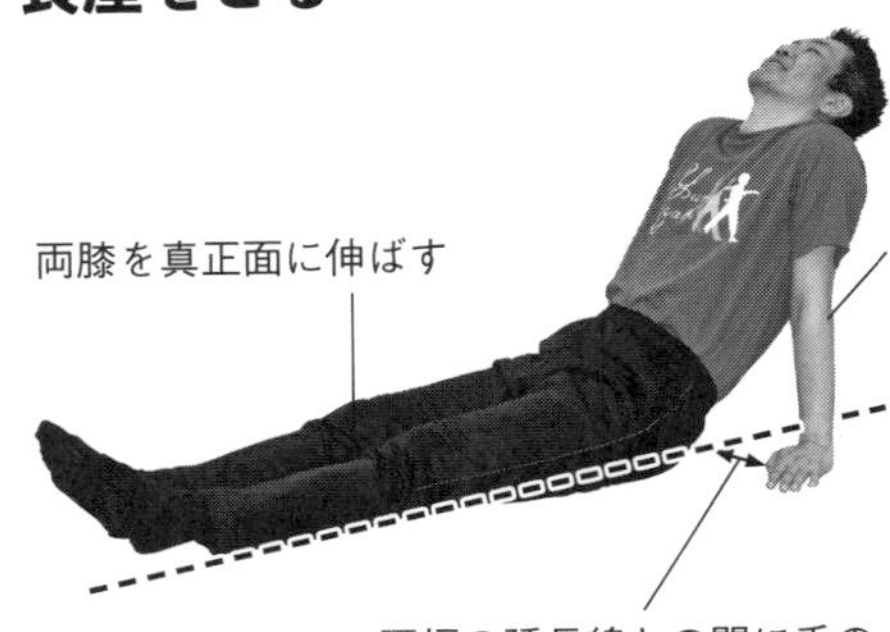

両膝を真正面に伸ばす
肘は左右とも脱力して伸ばしておく
腰幅の延長線との間に手のひらが１つ入るくらいの間隔をあけておく

②身体をゆるめる

肩甲骨まわりの力をダラーッと抜いていきます。

肘は脱力して伸ばした状態で腕全体が1本の棒になり、その棒で上体が支えられている——そんな感じがするように腕を使いましょう。

この腕の使い方が**「肘抜き伸展」**で、肘抜き伸展で体重を支えることを、私は**「骨で支える」**と表現しています。

腕だけでなく、同時に肩まわりも脱力しましょう。

③肩甲骨の動きで体幹を上下させる

美しいシルバーの地芯上空６０００㎞の位置で、気持ちよくゆるんで座っていることを感じながら、肩甲骨を上に、次いで下に動かす運動をします。

まず、肩甲骨をゆっくりと下げていきます。肩甲骨を床に近づけるつもりで下げると、体幹は相対的に上がって押し出されるように前上方にせり出します。

今度は、肩甲骨をゆっくりと上げていきましょう。

下げた肩甲骨を元の位置に戻し、そこからさらに上げていくように動かすと、体幹は床へ向かって押し下げられたようになるはずです。

この「上げ・下げ」動作は、「ススーッ」とつぶやきながら行ってください。
すなわち、「ススーッ」と言いながら肩甲骨を下げ、「ススーッ」と言いながら肩甲骨を上げるのですが、これを「いい感じ」と思えるまで何度もくり返します(体幹を、肩甲骨の動きとは逆に上↓下↓上↓下……と動かす運動をくり返すのだともいえます)。

身体をゆるめながら行うのが大事

以上が長座腕支肩甲上下法ですが、このトレーニングで大事なのは、「上げ・下げ運動」をくり返す合間、合間で、体幹を「モゾモゾ」と揺動緩解させることです。

肩甲骨のコントロールがうまくいかないと、どうしても腹まわりや背筋、腹筋を使って体幹を動かしてしまいますが、それでは意味がありません。腹まわりや背筋などほかの体幹部分は徹底的に脱力します。

トレーニングを終えるにあたっては、一度立ち上がり、自分を観察しながらその場歩きをしましょう。正しく取り組めていれば、上半身だけしかやっていないのに、下半身が連動し、より合理的に気持ちよく動けるのが感じられるはずです。

しつこいようですが、すべてのプロセスで美しいシルバーの地芯上空６０００kmに乗り、立ち、そして座り……を続けるよう努力してください。

長座腕支肩甲上下法を行うと、全身の脱力緩解が進むなかで、主働筋である広背筋、上腕三頭筋、三角筋の後部の緩解状態での筋力アップが進みます。さらに、菱形筋をはじめとする多くのインナーマッスルが活動し、しなやかな全身運動と快適な心身をもたらしてくれるでしょう。

9 長座腕支体幹三段回法

（ちょうざわんしたいかんさんだんかいほう）

①NPSで立つ

その場歩きを行い、自分の身体をよく観察してください。美しいシルバーの地芯上空6000kmに立ちます。両足を握り拳一つぶん開き、その内法（足の内側の線）を平行にしてください。「ナチュラル・パラレル・スタンス」（略称「NPS」、詳しくは189ページ参照）をとります。

ウナ（脛骨直下点）と転子（股関節の中心）を結んだ直線（脚センター）が、左右両脚とも完全に平行で、かつ両足の内法が正面を向いて平行になるようにしましょう。

②体幹を上・中・下に分ける

体幹を上段・中段・下段に分けます。それぞれの目安は次のとおりです。

- **上段＝鎖骨から、胸骨の下の端の少し上まで**
- **中段＝上段のすぐ下からヘソまで**
- **下段＝ヘソから恥骨結合（ちこつけつごう）まで**

恥骨結合とは、ヘソから下へ、下腹をまっすぐ、陰部に近いところまでたどっていくと、途中で骨の隆起に気づくと思いますが、その部分です。

次ページの写真のように、手のひらで目安をつけていくといいでしょう。

③下段、中段、上段の順で回す

先ほど触った境目を指で切る（そこで切られているかのように意識づけする）、そして、その切られた間の部分をゆるむように、ゆるむように回す、という運動を行います。

下段を回す

中段と下段の境目（ヘソ）を切りましょう。指で背中側まで境目をなぞるとできる境界面が、あなたの身体を貫き通しているとイメージしてください。そして下段を、ゆるむように、ゆるむように縦回転で回します（２４９ページの写真を参照）。

体幹を上・中・下にわける

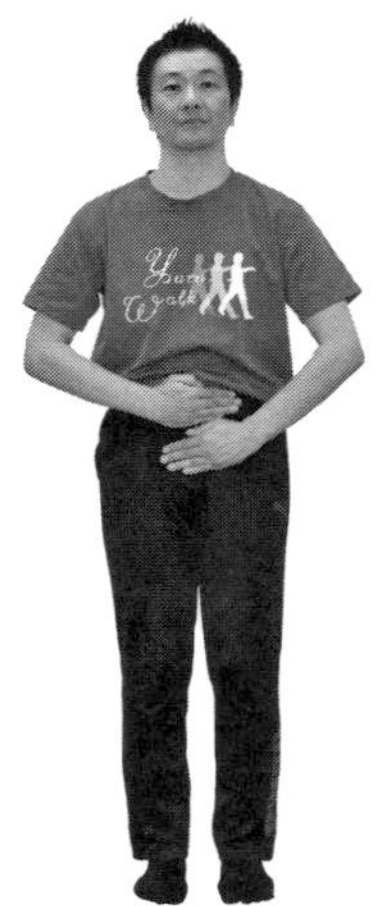

下段

ヘソから下に両手を当てると、おおむね恥骨結合に達する。これが下段にあたる

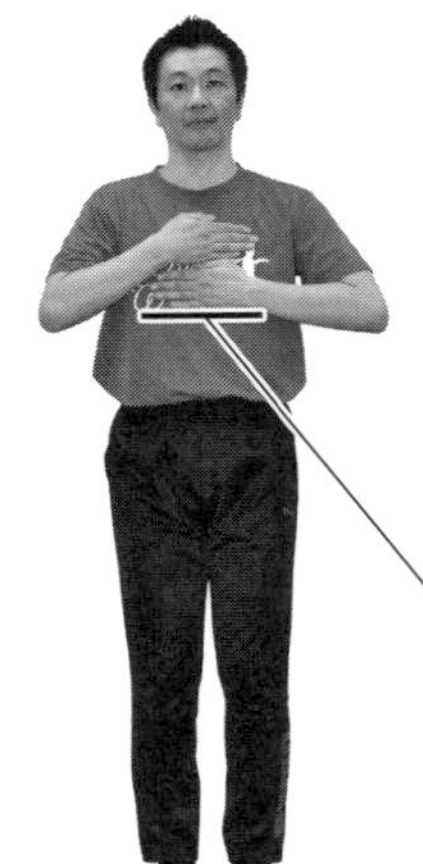

上段

胸骨が始まるところを起点にして、写真のように上下に両手を並べたところまでが上段

ここが上段の「下の端」にあたり、左下の囲みの中段との境目(A)となる

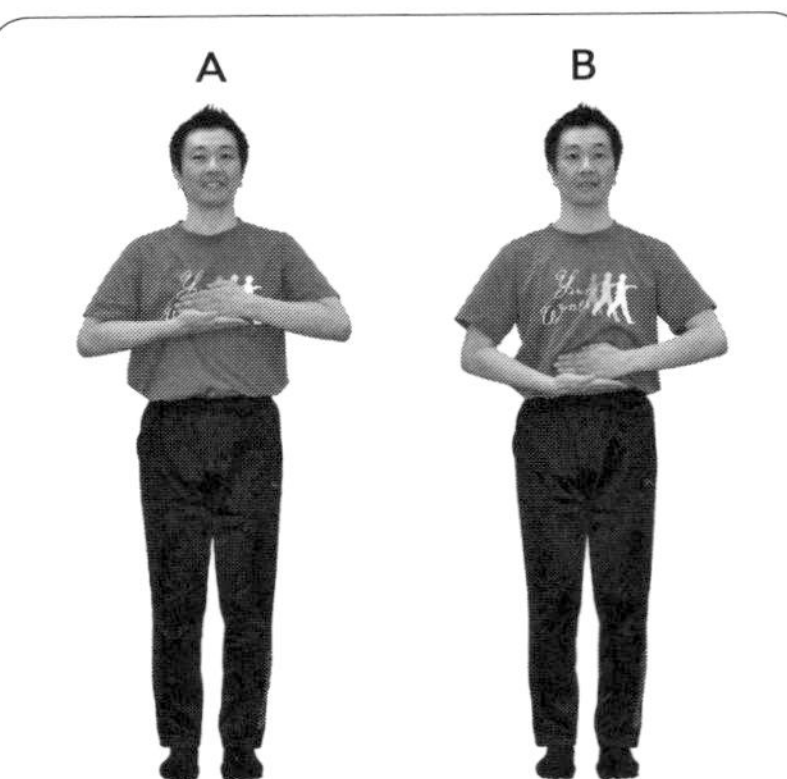

上段と中段の境目（A)、中段と下段の境目（B）をそれぞれ手刀でよく触って、位置を身体で覚えておこう

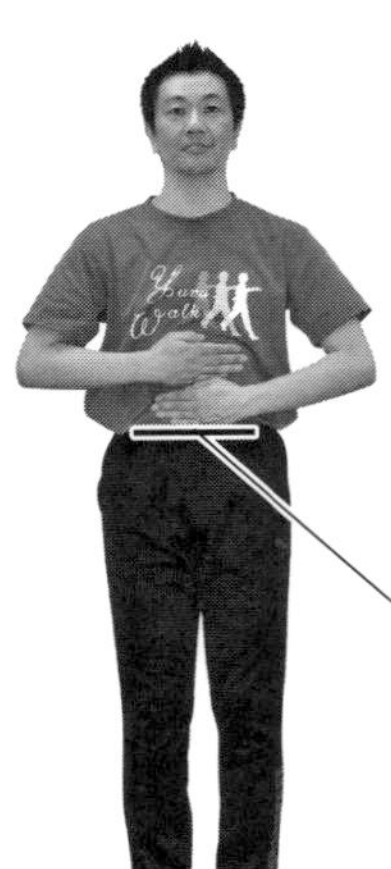

中段

上段の下の端から写真を両手のように当てると、およそヘソに達する。これが中段

ここが中段の「下の端」にあたり、左下の囲みの下段との境目(B)となる

体幹を切って回す

下段を回す

下段を前にせり出すようにする

つぶやきながら下段を後ろに引く感じで回す

球体をつくるつもりで行う

手で擦りながら回す

体幹を切る

正面から始める

指をヘソにあて、脇腹を通って背中へと動かしていく

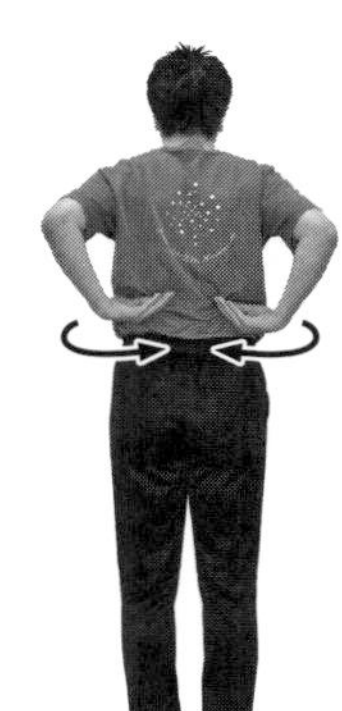

指を背中へ回す

背中までしっかり手をまわし、指先がたどった軌道が面（境界面）として身体を貫いているとイメージする

中段と下段の境目を切る場合は、写真のようにヘソに両手の指を当て、そのまま脇腹→背中へとたどる。そして指でたどった部分を真っすぐ水平に切られたものとイメージして下段を回すとよい。上段と中段の境目を切って回すときも要領は同じになる

前ページの写真による解説（「下段を回す」）でも述べましたが、下段を前へせり出すように、股、腿の付け根を通って後ろ側へと向かう軌道をイメージして行ってください。このときに「上から下」と言いながら行います。

今度は尾骨↓仙骨↓腰椎５、４番というふうに、下から上へと、後ろへ引き気味に丸くなっていくように回転させていき、「下から上」と声に出して言います。

このように、「上から下」「下から上」とつぶやきながら、かつ動きに合わせて下段を手で擦りながら、球体をつくるイメージで回しましょう。

中段を回す

中段と下段の境目（ヘソ）を背中まで切ります。さらに、上段と中段の境目（胸骨の下の端より少し上）も切ってから回します。

中段と下段の境目を切る

上段と中段の境目を切る

前にせり出すように回す

球体ができるイメージで回す

下段のときのように、「上から下」「下から上」と言いながら、手で擦りながら中段をゆるむように、ゆるむように回しましょう。球体ができるように回すのも同じです。何度もくり返してください。

上段を回す

上段と中段の境目を切ります。背中側に手を回したときには、指はちょうど肩甲骨の下端を通るはずです。

「上から下」「下から上」と言いながら、鎖骨のすぐ下を擦って回しましょう。

「上から下」では胸側が球状に丸くなり、背中側がへこみます。「下から上」のところでは背中側が丸くなり、胸側がへこみます。

難しい動きですが、ゆるむように、ゆるむように、何度もよくくり返してください。

上段と中段の境目を切る
擦りながら胸側が丸くなるように回す
背中側が丸くなるように回す

④長座になり下段、中段、上段の順で回す

では、ここで長座になりましょう。

上半身を起こし、両脚を伸ばした状態で床に座ります。すでに紹介した「8　長座腕支肩甲上下法」での座り方（242ページ参照）と同じですが、もう一度かいつまんで説明しておきましょう。

まず、手を臀部よりやや後ろにつき、「腰幅＋手のひら一つぶん」くらい離して、床につきます。

指先は真正面から見て45度の角度になるようにしてください。手首が悪い人は、指先を真横にするなど負担のない角度で構いません。肘抜き伸展位は厳守してください。両足を一度くっつけ、そのあと、力を抜いてダラーッと腰幅に開きます。

美しいシルバーの地芯上空６０００kmに乗りましょう。

下段を回す

まずは下段からです。中段と下段の境目（ヘソ）を切り、「上から下」「下から上」と言いながら、立位のときのように、ゆるむように、ゆるむように下段を回していきます。

中段を回す

次に中段です。再び中段と下段の境目（ヘソ）を切り、さらに上段と中段の境目も切ります。「上から下」「下から上」と言いながら、ゆるむように、ゆるむように中段を回してください。デタラメにならないように必ずゆっくりと、ていねいに行いましょう。

上段を回す

上段に進みます。上段は位置を見失いやすいので、まずはよく擦って、自分自身に教え込んでください。そのうえで、再び上段と中段の境目を切ります。

続いて、「上から下」「下から上」と言いながら、ゆるむように、ゆるむように上段を回しましょう。「上から下」で胸が丸くなるように、「下から上」で背中が丸くなるように行っていきます。

上段をよく擦って自分自身に教え込んだあと、上段と中段の境目を切る

⑤ブリッジ姿勢で下段、中段、上段の順に回す

次に、足を引きつけて膝を立て、ブリッジ姿勢をとりましょう。このとき、膝の角度は

90度か、それよりも鈍角にしてください。

足の裏をぴったりと床につけ、その状態でお尻を上げて体幹を支えます。全身はダラーッと脱力させ、必ず肘抜き伸展位で「骨で支えた」状態になりましょう。このブリッジ姿勢のまま下段、中段、上段の順に回します（次ページの写真を参照）。回すにあたっては、運動負荷を自分で調整するようにしてください。

膝の角度が90度だと、身体の上下への動きが大きくなるぶん、負荷が増します。この90度以上に角度を狭めるのは控えてください。きついと感じたら、膝を鈍角にして上下動の幅を減らしましょう。

下段を回す

「上から下」「下から上」と言いながら下段を回します。

「上から下」のタイミングで、腹を丸くして下段を床から大きく離し、「下から上」のタイミングで床に近づけて腰を丸くします。

中段を回す

次に中段です。「上から下」「下から上」と言いながら中段を回していきます。

「上から下」のときに中段が上昇し、「下から上」のときに中段が下降します。

ブリッジ姿勢で下段・中段・上段の順に回す

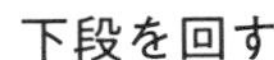

◀

中段を回す

◀

上段を回す

下から上

◀

肘が曲がらないようにしましょう。また、足や肘が開くとパフォーマンスが発揮できないので気をつけてください。

上段を回す

いよいよ上段です。「上から下」「下から上」と言いながら上段を回していきます。「上から下」のところで体幹上段を上昇させ、「下から上」のところで体幹上段を下降させます。どの段でも、徹底してゆるんで脱力するように行います。

このトレーニングは、立位、長座、ブリッジ姿勢いずれについても、各段3回ずつ（すなわち計9回）回すのを1セットとし、体力に応じて1～3セット行うとよいでしょう。ひととおり終わったら、四足地芯乗りで立ってください。その場歩きを行い、自分の身体を観察します。

長座腕支体幹三段回法に期待できる効果

このレフ筋トレがうまく行えると、肋骨がやわらかくズレ動く感じがするはずですが、幅は小さくとも、実際にズレ動いていることが大事です（その動きを**「ズレ回転」**と呼びます）。

肋骨のズレ回転運動は、四足動物時代の私たちが当然のように行っていた運動です。あたかも肋骨がロータリーエンジンになったかのように、体幹のなかから回転力をもったパワーが起こり、４本の腕・脚が、滑らかでしなやかに、止まることなく動いてくれるようになります。肋骨が柔らかくズレ回転することで、呼吸も驚くほど深く、楽になるでしょう。

上・中・下段３つのズレ回転運動は、相互に連動しあってさらに全身のパワーを生み出し、腕・脚のダイナミックで快適な動きをつくってくれます。

腕・脚どちらも後方へ伸展することにより、その状態のときに体重を支える背面側のすべての筋肉が強化されます。そうした筋群の筋出力をベースにしているので、そこに上・中・下段の回転運動が加わることで、立位での歩行・走行運動で前方への強力な推進力を生み出す筋力とパワーがつくられます。

10 前四足吊下体幹三段回法（ぜんしそくちょうかたいかんさんだんかいほう）

①両手・両膝を床について準備する

その場歩きを行い、自分の身体をよく観察します。その後、美しいシルバーの地芯上空６０００㎞で立ちましょう。

次に、床に両手・両膝をついて四足脱力統一体をつくります。詳しくは「３　センター串刺しフロントプッシュ」の手順⑨（とくに２０１ページ参照）でとりあげましたが、かいつまんで説明すると、

・両腕を90度上げ、そのまま腰を曲げて体幹を地芯に向かって下げていきます。
・「落ちていく、落ちていく」と言いながら、地芯に手を乗せて支えるつもりで床に両手をつきます。
・両膝を床につき、腕・脚が床に対して垂直、かつ互いに平行になるようにします。

②肘を擦り肩甲骨を軽く立てる

これも、詳しい動作は「3　センター串刺しフロントプッシュ（腕立て伏せ）」の手順⑨にある「肘抜き擦緩法」（201ページ参照）で触れましたが、擦る位置と操作言語が変わるのであらためて説明します。

・右手を床から離し、「抜けるように」と言いながら左の外肘を擦ります。
・左肘の内側（内肘）を「通るように」と言いながら擦ります。
・右手を床につきなおし、今度は左手を床から離します。
・右の外肘を「抜けるように」と言いながら擦ります。
・右の内肘を「通るように」と言いながら擦ります。
・左手を床につきなおし、再び四足脱力統一体に戻ります。

ここまでできたら肋骨を上下動させ、軽く肩甲骨を立てていきます。美しいシルバーの地芯に乗り、肋骨を上げ下げしてください。

地芯から立ち上がるように肋骨を上げ、地芯に向かって落ちるように肋骨を下げる動きを何度か行いましょう。

床に手と膝をついて立甲するまで

❶四足脱力統一体をつくる

両腕を身体に対し直角かつ水平に上げる

▼

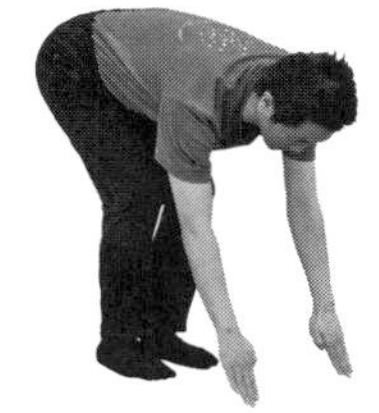

地芯に手を乗せるつもりで床に手を置く

▼

手のひらと膝をつき四つん這いになる

❷肘抜き擦緩法から立甲へ

右手で左の外肘を擦る

▼

通るように
通るように

内肘を擦る。次に左手で右腕の外肘・内肘を擦る

▼

❸肋骨を動かし立甲

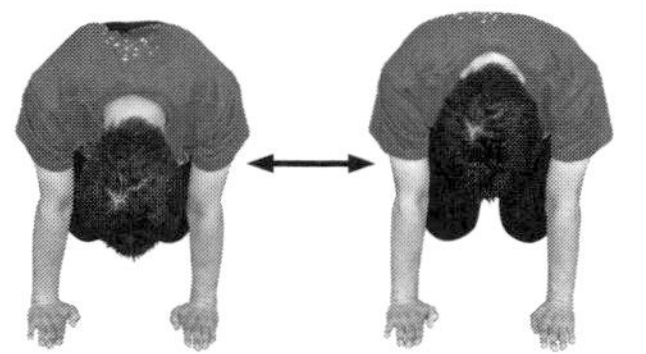

肋骨を上下動させ、肩甲骨を何度か立てる

③体幹を3つに割り、それぞれ回す

まず、美しいシルバーの地芯に乗り、体幹を上段・中段・下段の3つに分け、それぞれを回す運動を行います。常に身体を「骨で支えた」状態で行うようにしてください。

体幹を3つに割ります。

まずは上段からです。右手を床から離して、胸骨の下端を触ってください。そこが体幹の上段の下の端にあたります。

手を下げていくと、ヘソがあるでしょう。そこが体幹の中段の下の端になります。

位置がわかったところで右手を一面手法にし、その親指側で「上段の下の端」（胸骨の下端）を、そして小指側で「中段の下の端」（ヘソ）を切ってください。

以上の動作が終わったら、今度は左手を床から離して同様に行います。

上段を回す

胸骨の下の端より上の部分が「上段」です。まずはここを、よくゆるむように回します。美しいシルバーの地芯に乗り、「上から下」「下から上」とつぶやきながら、上段を狙って、胸側から上↓下へ、背中側から下↓上へとゆっくり回します。

「上から下」のときは、地芯に向かって落ちていくイメージでていねいに、大きく深く回してください。

「下から上」のときは、背中が下のほうからどんどん天井に向かって丸くなっていくようにします。

声のトーンも変えましょう。人間の脳と身体は、トーンに深く反応するようにできています。「下から上」とつぶやくときはトーンを上げていき、「上から下」のときは下げていきます。

中段を回す

胸骨の下の端からヘソまでが「中段」です。よくゆるむように回します。

回し方は、上段のときと同じです。

・「上から下」「下から上」と言いながら

・「上から下」のときは、地芯に向かって落ちていくイメージで

・「下から上」のときは、背中の下部が、下のほうから天井に向かって丸くなるように

・声のトーンも変えて

以上の点を忘れずに行いましょう。

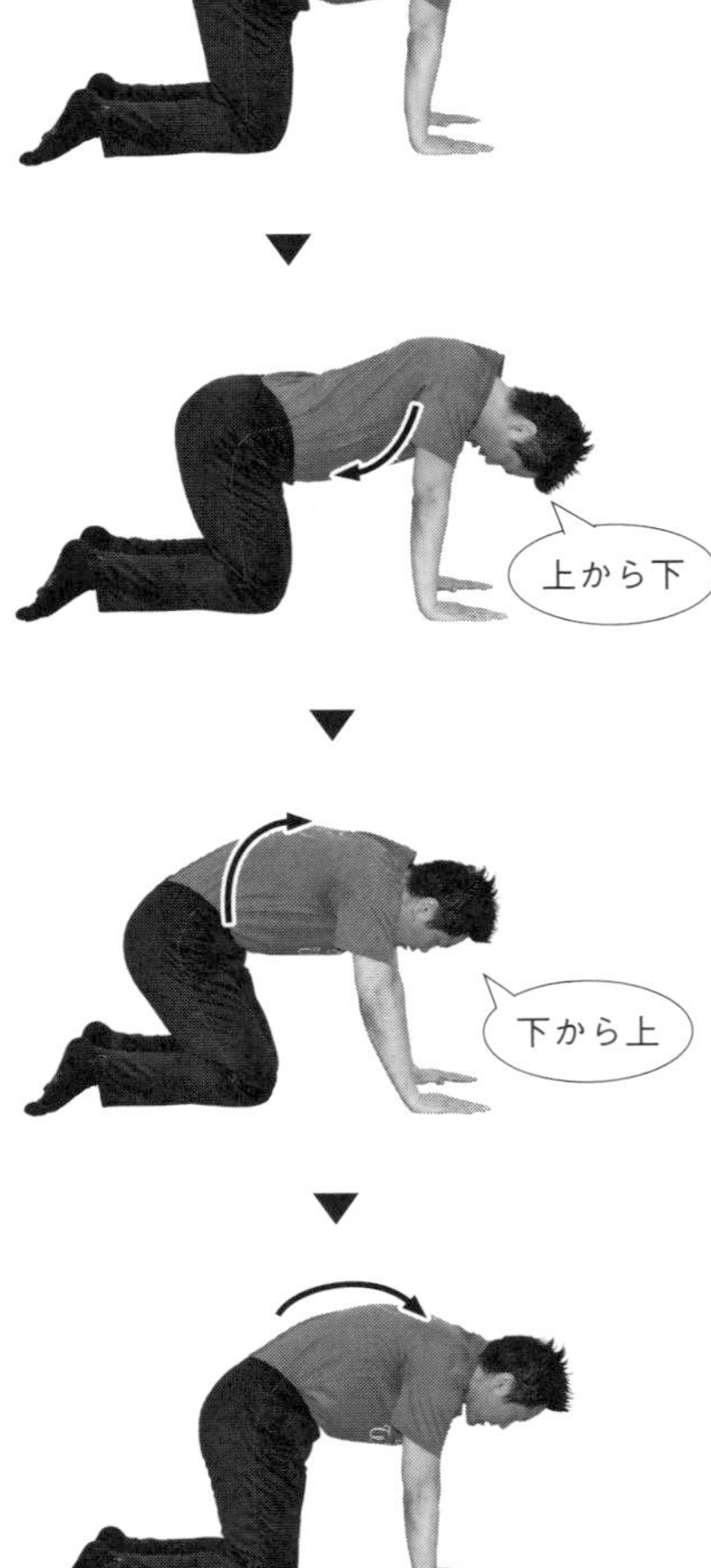

下段を回す

最後に下段、すなわちヘソから下すべてを、よくゆるむように回します。部位は異なりますが、回すときのポイントは上段、中段のときと同じです。「上から下」「下から上」と言いながら、声のトーンに気を配りつつ行ってください。

（なお、ここでは「上段↓中段↓下段」という順番で行う方法を紹介しましたが、「下段↓中段↓上段」の順番で行うやり方もあります。ぜひ挑戦してみてください）

④四足地芯乗りで立ち上がる

上段・中段・下段をそれぞれ「いい感じ」と思えるまで回したら、四足脱力統一体（4本の腕と太腿が、床に垂直かつ互いに平行で、全身が十分に脱力した状態）に戻ります。

そして立位に戻りますが、その際は「四足地芯乗り」で立ちましょう。簡単に説明しますので、詳しくは「2　ヘソ軸腹筋（ヘソ垂軸肘膝吸着腹筋）」（179ページ参照）などで述べたことを参照してください。

左右どちらでもいいので片足を踏み出し、地芯上空6000㎞の位置で、美しいシルバーの地芯をグッと足で押しながら立ちます。両足をそろえ、直立したら終わりです。その場歩きを行って、身体がどのように変わったか確認してみましょう。

前四足吊下体幹三段回法に期待できる効果

まさに四足動物の体勢そのものでレフ筋トレを行うことで、肩まわりの筋群、上腕三頭筋、大胸筋、腹直筋、内・外腹斜筋、横隔膜（筋）、腸腰筋、内転筋、大臀筋、ハムストリングス、外旋筋、脊椎深層筋、各種の腰背筋群が、腕・脚と体幹の素晴らしい連動力をつくりだしてくれます。

水垂転換によって立位での地芯乗りや軸の通りもよくなり、動的バランスに優れた全身運動を可能にする、数々のよい効果をもたらしてくれるでしょう。

おわりに

ＷＢＣでの野球、欧州リーグや国際試合でのサッカー、ワールドカップでのラグビーやバレーボール、オリンピックやＮＢＡでのバスケットボール等で躍進する日本チーム・日本人選手の姿に接して〈いつまでも観ていたい〉と思うのは、私一人だけではないでしょう。

「心と身体のしなやかな強さ」「動きの美しさとキレ」「独創的なスキル、戦術的判断、チームプレー」等々、10年前、20年前とは明らかに違う彼らの雄姿には、どこまでも尽きることのない魅力と、大きな伸びしろを感じます。この変化こそが、ラフパワーからレフパワーへの変化です。

各競技やポジションに必要な筋力をつけるだけの「わずかばかりレフ化したラフ筋トレ」は、いまや、本格的にレフ化された筋トレへ、さらにはレフ筋トレへと進化を遂げつつあります。その進化のなかで、脳と身体の深いコーディネーションにより、メンタル、スキル、認知判断力と緻密に連動する「高品質な筋力」が養成されてきたからこそ、各スポーツのプレーが見事に変化したのです。

この変化の背景には、人間にとって普遍的ともいえる、さらに大きな〝レフ化の波〟が働いていると私は考えています。〝レフ化の波〟とは、スポーツを含む、社会のあらゆる分野に通底する価値観、人格、人間性に波のように広がりつつある変化のことです。近年の、いわゆる#MeTooやSDGsの盛り上がりなどを見るにつけ、社会が要求する「人としての在り方を取り巻くパラダイム」が、いままさにレフ化しつつあると感じます。

イチロー、大谷翔平、ウサイン・ボルトなど、世界の舞台で活躍する（していた）選手たちの姿を思い浮かべてみてください。彼らには、「荒々しく角張っている」「尊大で横暴」「傍若無人」「粗野・粗暴」など、ラフな特徴が見当たりません。彼らには、レフ筋トレ、レフパワーを素直に受容し鍛え上げるだけの価値観や人間性が備わっているのです。

彼らに代表されるような人間存在の及ぼす影響が、人から人、組織から組織、システムからシステムへと波のごとく揺れ広がり伝播すること、それこそ、私が〝レフ化の波〟と呼ぶものにほかなりません。

私が初めてラフパワー批判を行ったのは、1989年のことでした。私の主張が優秀な研究者、ドクター、コーチ、トレーナーの間にさざ波のごとく広がるのを数年あまり見届けたあと、私はいったんこの種の発言を封印しました。

その理由は2つありました。ひとつは、わが国で最も優秀な若手から中堅の専門家たちの間に広まった以上、レフ筋トレとレフパワーの考え方は、私の出る幕もなく、さざ波が大波になるがごとく広がっていくに違いなく、このような個人の独断的発言を好まない傾向のあるわが国では、発言者の存在は、かえって大きなブレーキになりかねない、と考えたからです。

そしてもうひとつは、レフ筋トレとレフ理論の基盤である「レフ化」そのものの基礎研究と、筋トレ以外での応用研究こそ、人間能力の本質解明と、その応用としての、まったく新しい普遍的価値を担う健康理論・方法の創出につながるはずで、その仕事こそ、私が果たすべき責務だと考えたからでした。

宮本武蔵の『五輪書』が語る武術の極意が、野生動物と共通する「ゆる」みと「軸」にあることを解明した成果を、高度能力と普遍的健康開発を同時に達成する目的に活かしたのが、本書でも少しだけ触れた「ゆる体操」です。

かくして、私の手を離れ自由を得たレフ筋トレ、レフ理論は、まずは競泳やレスリングのような個人種目から、やがて広く普(あまね)くスポーツ界に伝播し、喜ばしくも〝レフ化の波〟を起こすのに貢献することができました。本書を通じて読者諸賢にもレフ化が波及すれば、日本の未来も暗くはないでしょう。そうなることを祈りつつ筆をおきます。

２０２４年２月

高岡英夫

著者　高岡 英夫（たかおか・ひでお）
運動科学者、高度能力学者、「ゆる」開発者。運動科学総合研究所所長、NPO法人日本ゆる協会理事長。東京大学卒業後、同大学院教育学研究科を修了。大学院時代に西洋科学と東洋哲学を統合した「運動科学」を創始し、人間の高度能力と身体意識の研究にたずさわる。オリンピック選手、企業経営者、芸術家などを指導しながら、年齢・性別を問わず幅広い人々の身体・脳機能を高める「ルースニング（ゆる体操等）」や「スーパーウォーク歩道」をはじめとした多くの「高度運動科学トレーニング」を開発。東日本大震災後は復興支援のため「ゆる体操プロジェクト」を指揮し、自らも被災地で指導に取り組む。著書は、『究極の身体』『「ゆる体操」で一生介護いらずになろう！』（以上、講談社）、『高岡英夫の「総合呼吸法」呼吸五輪書』（BABジャパン）、『発見！　武蔵の極意』『脳と身体を歩きで鍛える』（以上、さくら舎）など100冊を超える。

レフ筋（きん）トレ　最高（さいこう）に動（うご）ける体（からだ）をつくる

2024年４月２日　第１刷発行
2024年５月28日　第２刷発行

著　者　高岡英夫（たかおかひでお）
発行者　森田浩章
発行所　株式会社講談社
郵便番号112-8001
東京都文京区音羽2-12-21
電話　編集　03-5395-3560
販売　03-5395-4415
業務　03-5395-3615
印刷所　株式会社新藤慶昌堂
製本所　株式会社若林製本工場

N.D.C.780　270p　21cm
定価はカバーに表示してあります。

ISBN978-4-06-535232-8